Stadt des Flaneurs

Walter Benjamin

Stadt des Flaneurs

herausgegeben und mit einem Nachwort
versehen von Matthias Zimmermann

Berliner Orte

be.bra verlag

Bibliografische Information der Deutschen Nationalbibliothek
Die Deutsche Nationalbibliothek verzeichnet diese Publikation in der Deutschen Nationalbibliografie; detaillierte bibliografische Daten sind im Internet über http://dnb.d-nb.de abrufbar.

Zu Fragen der Produktsicherheit wenden Sie sich bitte an
herstellung@bebraverlag.de

3. Auflage 2025

Asternplatz 3, 12203 Berlin
post@bebraverlag.de
Lektorat: Matthias Zimmermann, Berlin
Umschlag: Manja Hellpap, Berlin, unter Verwendung einer Fotografie vom Halleschen Tor und dem Belle-Alliance-Platz, 1890/1900 (Library of Congress)
Satz: typegerecht berlin
Schrift: Stempel Garamond 10/14 pt
Gedruckt in der Europäischen Union
ISBN 978-3-89809-131-2

www.bebraverlag.de

Inhalt

Berliner Kindheit um 1900

Die folgenden Texte stammen aus Walter Benjamins »Berliner Kindheit um neunzehnhundert«, einer Sammlung autobiografischer Texte, die im Laufe der 1930er-Jahre entstand. Obwohl Benjamin mehrfach versuchte, einen Verleger für das Manuskript zu finden, erschien eine von Theodor Adorno herausgegebene Buchausgabe erst posthum 1950.

Als Loggien werden Räume bezeichnet, die sich – anhand von Bögen oder anderen Konstruktionen – nach außen hin öffnen. Auf diese Weise schaffen sie, gerade im Erdgeschoss, einen Übergangsbereich zwischen Außen- und Innenraum. Loggien finden sich seit der italienischen Renaissance besonders bei repräsentativen Gebäuden.

*

Loggien

Wie eine Mutter, die das Neugeborene an ihre Brust legt, ohne es zu wecken, verfährt das Leben lange Zeit mit der noch zarten Erinnerung an die Kindheit. Nichts kräftigte die meine inniger als der Blick in Höfe, von deren dunklen Loggien eine, die im Sommer von Markisen beschattet wurde, für mich die Wiege war, in die die Stadt den neuen Bürger legte. Die Karyatiden, die die Loggia des nächsten Stockwerks trugen, mochten ihren Platz für einen Augenblick verlassen, um an dieser Wiege ein Lied zu singen, das zwar fast nichts von dem enthielt, was später auf mich wartete, dafür jedoch den Spruch, durch den die Luft der Höfe mir auf immer berauschend blieb. Ich glaube, daß ein Beisatz dieser Luft noch um die Weinberge von Capri war, in denen ich die Geliebte umschlungen hielt; und es ist eben diese Luft, in der die Bilder und Allegorien stehen, die über meinem Denken herrschen wie die Karyatiden auf der Loggienhöhe über die Höfe des Berliner Westens.

Der Takt der Stadtbahn und des Teppichklopfens wiegte mich da in Schlaf. Er war die Mulde, in der sich meine Träume bildeten. Zuerst die ungestalten, die vielleicht vom Schwall des Wassers oder dem Geruch der Milch durchzogen waren; dann die langgesponnenen: Reise- und Regenträume; endlich die geweckteren: vom nächsten Murmelspiel im Zoo, vom Sonntagsausflug. Der Frühling hißte hier die ersten Triebe vor einer grauen Rückfront; und wenn später im Jahr ein staubiges Laubdach tausendmal am Tage die Hauswand streifte, nahm das Schlürfen der Zweige mich in eine Lehre, der ich noch nicht gewachsen war. Denn alles wurde mir im Hof zum Wink. Wieviele Botschaften saßen nicht im Geplänkel grüner Rouleaux, die hochgezogen wurden, und wieviele Hiobsposten ließ ich klug im Poltern der Rolläden uneröffnet, die in der Dämmerung niederdonnerten.

Am tiefsten aber konnte mich die Stelle betreffen, wo der Baum im Hofe stand. Sie war im Pflaster ausgespart, in das ein breiter Eisenring versenkt war. Stäbe durchzogen ihn derart, daß er ein Gitter vorm nackten Erdreich bildete. Es schien mir nicht umsonst so eingefaßt; manchmal sann ich dem nach, was in der schwarzen Kute, aus der der Stamm kam, vorging. Später dehnte ich diese Forschung auf die Droschkenhaltestellen aus. Die Bäume dort wurzelten ähnlich, doch sie waren noch dazu umzäunt, und Kutscher hingen an die Umzäunung ihre Pelerinen, während sie für den Gaul das Pumpenbecken, welches ins Trottoir gesenkt war, mit dem Strahl füllten, der Heu- und Haferreste wegtrieb. Mir waren diese Warteplätze, deren Ruhe nur selten durch den Zuwachs oder Abgang von Wagen unterbrochen wurde, entlegenere Provinzen meines Hofes.

Viel war an seinen Loggien abzulesen: der Versuch, der abendlichen Muße nachzuhängen; die Hoffnung, das Familienleben ins Grüne vorzuschieben; das Bestreben, den Sonntag ohne Rückstand auszuschöpfen. Aber am Ende war das alles eitel. Nichts lehrte der Zustand dieser eines überm anderen befind-

Wohnhaus in der Charlottenstraße 88, in dem Heinrich Zille lebte, um 1900.

lichen Gevierte, als wieviel beschwerliche Geschäfte jeder Tag dem folgenden vererbte. Wäscheleinen liefen von einer Wand zur anderen; die Palme sah um so obdachloser aus, als längst nicht mehr der dunkle Erdteil, sondern der benachbarte Salon als ihre Heimat empfunden wurde. So wollte es das Gesetz des Ortes, um den einst die Träume der Bewohner gespielt hatten. Doch ehe er der Vergessenheit verfiel, hatte bisweilen die Kunst ihn zu verklären unternommen. Bald stahl sich eine Ampel, bald eine Bronze, bald eine Chinavase in seinen Bereich. Und wenn auch diese Altertümer selten dem Orte Ehre machten, so gewann auf diesen Loggien der Zeitverlauf selbst etwas Altertümliches. Das pompejanische Rot, das sich so oft in breitem Bande an der Wand entlangzog, war der gegebene Hintergrund der Stunden, welche in dieser Abgeschiedenheit sich stauten. Die Zeit veraltete in diesen schattenreichen Gelassen, die sich auf die Höfe öffneten. Und eben darum war der Vormittag, wenn ich auf unserer Loggia auf ihn stieß, so lange schon Vormittag, daß er mehr er selbst schien als auf jedem anderen Fleck. So auch die ferneren Tageszeiten. Nie konnte ich sie hier erwarten; immer erwarteten sie mich bereits. Sie waren schon lange da, ja gleichsam aus der Mode, wenn ich sie endlich dort aufstöberte.

Später entdeckte ich vom Bahndamm aus die Höfe neu. Und wenn ich dann an schwülen Sommernachmittagen aus dem Abteil auf sie heruntersah, schien sich der Sommer in sie eingesperrt und von der Landschaft losgesagt zu haben. Und die Geranien, die mit roten Blüten aus ihren Kästen sahen, paßten weniger zu ihm als die roten Matratzen, die am Vormittag zum Lüften über den Brüstungen gehangen hatten. Abende, die auf solche Tage folgten, sahen uns – mich und meine Kameraden – manchmal am Tisch der Loggia versammelt. Eiserne Gartenmöbel, die geflochten oder von Schilf umwunden schienen, waren die Sitzgelegenheit. Und auf die Reclamhefte schien aus einem rot- und grüngeflammten Kelch, in dem der Strumpf summte, das Gaslicht nieder: Lesekränzchen. Romeos letzter Seufzer strich durch unsern Hof auf seiner Suche nach dem Echo, das ihm die Gruft der Julia in Bereitschaft hielt.

Seitdem ich Kind war, haben sich die Loggien weniger verändert als die anderen Räume. Doch nicht nur darum sind sie mir noch nah. Es ist vielmehr des Trostes wegen, der in ihrer Unbewohnbarkeit für den liegt, der selber nicht mehr recht zum Wohnen kommt. An ihnen hat die Behausung des Berliners ihre Grenze. Berlin – der Stadtgott selber – beginnt in ihnen. Er bleibt sich dort so gegenwärtig, daß nichts Flüchtiges sich neben ihm behauptet. In seinem Schutze finden Ort und Zeit zu sich und zueinander. Beide lagern sich hier zu seinen Füßen. Das Kind jedoch, das einmal mit im Bunde gewesen war, hält sich, von dieser Gruppe eingefaßt, auf seiner Loggia wie in einem längst ihm zugedachten Mausoleum auf.

Das Kaiserpanorama war um 1900 ein populäres Massenmedium, bei dem gleichzeitig bis zu 25 Personen stereoskopische Bilderserien durch ein Guckloch betrachten konnten. Gezeigt wurden hauptsächlich exotische Reiseziele und Landschaften. Ein Umlauf der Bildserien, die im Inneren des Panoramas im Kreis transportiert wurden, dauerte eine halbe Stunde. Das erste Kaiserpanorama wurde 1880 in Breslau eröffnet und 1883 nach Berlin in die Kaiserpassage verlegt.

*

Kaiserpanorama

Es war ein großer Reiz der Reisebilder, die man im Kaiserpanorama fand, daß gleichviel galt, bei welchem man die Runde anfing. Denn weil die Schauwand mit den Sitzgelegenheiten davor im Kreis verlief, passierte jedes sämtliche Stationen, von denen man durch je ein Fensterpaar in seine schwachgetönte Ferne sah. Platz fand man immer. Und besonders gegen das Ende meiner Kindheit, als die Mode den Kaiserpanoramen schon den Rücken kehrte, gewöhnte man sich, im halbleeren Zimmer rundzureisen. Musik, die später Reisen mit dem Film erschlaffend machte, weil durch sie das Bild, an dem die Phantasie sich nähren könnte, sich zersetzt – Musik gab es im Kaiserpanorama nicht. Mir aber scheint ein kleiner, eigentlich störender Effekt all dem verlogenen Zauber überlegen, den um Oasen Pastorales oder um Mauerreste Trauermärsche weben. Das war ein Klingeln, welches wenige Sekunden, eh das Bild ruckweise abzog, um erst eine Lücke und dann das nächste freizugeben, anschlug. Und jedesmal,

Kaiserpanorama, um 1900.

wenn es erklang, durchtränkten die Berge bis auf ihren Fuß, die Städte in allen ihren spiegelblanken Fenstern, die fernen, malerischen Eingeborenen, die Bahnhöfe mit ihrem gelben Qualm, die Rebenhügel bis ins kleinste Blatt sich tief mit wehmutsvoller Abschiedsstimmung. Zum zweitenmal kam ich zur Überzeugung – denn vorher brachte sie fast regelmäßig der Anblick schon des ersten Bildes auf – daß es unmöglich sei, die Herrlichkeiten in dieser einen Sitzung auszuschöpfen. Und dann entstand der – nie befolgte – Vorsatz, am nächsten Tage nochmals herzukommen. Doch ehe ich mir völlig schlüssig war, erbebte der ganze Bau, von dem mich nur die Holzverschalung trennte; das Bild in seinem kleinen Rahmen wankte, um alsbald nach links vor meinen Blicken sich davonzumachen. Die Künste, die hier überdauerten, sind mit dem neunzehnten Jahrhundert aufgestanden. Nicht eben frühe, aber doch zur Zeit, um noch das Biedermeier zu begrüßen. Im Jahre 1822 hatte Daguerre sein Panorama in Paris eröffnet. Seitdem sind diese klaren, schimmernden Kassetten, die Aquarien der Ferne und Vergangenheit, auf allen modischen Korsos und Promenaden heimisch. Und hier wie in Passagen und Kiosken haben sie Snobs und Künstler gern beschäftigt, ehe sie die Kammer wurden, wo im Innern die Kinder mit dem Erdball Freundschaft schlossen, von dessen Kreisen der erfreulichste – der schönste, bilderreichste Meridian – sich durch das Kaiserpanorama zog. Als ich zum erstenmal dort eintrat, war die Zeit der zierlichsten Veduten längst vorbei. Der Zauber aber, dessen letztes Publikum die Kinder waren, hatte nichts verloren. So wollte er mich eines Nachmittags vorm Transparent des Städtchens Aix bereden, ich hätte in dem olivenfarbenen Lichte, das durch die Platanenblätter auf den breiten Cours Mirabeau herabströmt, schon einmal zu einer Zeit gespielt, die freilich nichts mit andern Zeiten meines Lebens teilte. Denn dies war an den Reisen sonderbar: daß ihre ferne Welt nicht immer fremd und daß die Sehnsucht, die sie in mir weckte, nicht immer eine lockende ins Unbekannte, vielmehr bisweilen jene lindere nach einer Rückkehr ins Zuhause war. Das aber ist vielleicht das Werk des Gaslichts gewesen, das so sanft auf alles fiel. Und wenn es regnete, so brauchte ich mich nicht bei den Affichen aufzuhalten, auf welchen alle fünfzig Bilder pünktlich, in zwei Kolonnen, eingetragen waren – ich trat ins Innere und fand nun dort in Fjorden und auf Kokospalmen dasselbe Licht, das abends bei den Schularbeiten mir das Pult erhellte. Es sei denn, ein Defekt in der Beleuchtung erzeugte plötzlich jene seltene Dämmerung, in der die Farbe aus der Landschaft schwand. Dann lag sie unter einem Aschenhimmel verschwiegen da; es war, als hätte ich noch eben Wind und Glocken hören können, wenn ich nur besser achtgegeben hätte.

Die Siegessäule entstand nach einem Entwurf von Heinrich Strack in den Jahren 1864 bis 1873 – als »Nationaldenkmal der Einigungskriege«. Sie wurde zur Feier des Sedantages am 2. September 1873, dem dritten Jahrestag der siegreichen Schlacht bei Sedan, eingeweiht. Ursprünglich stand sie auf dem Königsplatz – dem heutigen Platz der Republik –, direkt vor jenem Areal, auf dem ab 1884 das Reichstagsgebäude gebaut wurde. 1938/39 wurde sie auf ihren heutigen Standort, den Großen Stern inmitten des Tiergartens, versetzt.

*

Die Siegessäule

Sie stand auf dem weiten Platz wie das rote Datum auf dem Abreißkalender. Mit dem letzten Sedantag hätte man sie abreißen sollen. Als ich klein war, konnte man aber ein Jahr ohne Sedantag sich nicht vorstellen. Nach Sedan blieben nur Paraden übrig. Als darum neunzehnhundertzwei Ohm Krüger nach dem verlorenen Burenkrieg die Tauentzienstraße entlanggefahren kam, da stand auch ich mit meiner Gouvernante in der Reihe. Denn unausdenkbar, einen Herrn nicht zu bestaunen, der im Zylinder in den Polstern lehnte und »einen Krieg geführt hatte«. So sagte man. Mir aber schien das prächtig und zugleich nicht ganz manierlich; so wie wenn der Mann ein Nashorn oder Dromedar »geführt« hätte und damit so berühmt geworden wäre. Was konnte denn nach Sedan kommen? Mit der Niederlage der Franzosen schien die Weltgeschichte in ihr glorreiches Grab gesunken, über dem diese Säule die Stele war und auf das die Siegesallee mündete. Als Quartaner beschritt ich die breiten Stufen, die zu ihren marmornen Herrschern führten, nicht ohne dunkel vorher zu fühlen, wie mancher privilegierte Aufgang sich später mir gleich diesen Freitreppchen erschließen werde, und dann wandte ich mich zu den beiden Vasallen, die zur Rechten und Linken die Rückwand krönten, teils weil sie niedriger als ihre Herrscher und bequem in Augenschein zu nehmen waren, teils weil die Gewißheit mich erfüllte, meine Eltern von den gegenwärtigen Machthabern nicht soviel weiter entfernt zu wissen als diese Würdenträger von den ehemaligen. Ich liebte aber unter ihnen am meisten den, der die unermeßliche Kluft zwischen Schüler und Staatsperson auf seine eigene Weise überbrückte. Das war ein Bischof, welcher in der Hand den Dom hielt, der ihm unterstellt und hier so klein war, daß ich ihn mit dem Ankersteinbaukasten hätte bauen können. Seitdem bin ich auf keine Heilige Katharina gestoßen, ohne nach ihrem Rad, auf keine Heilige Barbara, ohne nach ihrem Turm mich umzusehen. Man hatte nicht versäumt, mir zu erklären, woher der Schmuck der Siegessäule stammt. Ich hatte aber nicht genau erfaßt, was es mit den Kanonenrohren, die ihn bilden, auf sich hatte: ob die Franzosen mit goldenen in den Krieg gezogen waren oder ob das Gold, welches wir ihnen abgenommen hatten, von uns erst zu Kanonen war gegossen worden. Es ging mir damit wie mit meinem Prachtwerk, der illustrierten Chronik dieses Krieges, die so schwer auf mir lag, weil ich sie nie beendete. Sie interessierte mich; ich kannte mich gut auf den Plänen ihrer Schlachten aus; und dennoch wuchs die Unlust, die für mich von ihrem goldgepreßten Deckel ausging. Noch weniger glimpflich aber dämmerte das Gold vom Freskenzyklus des Umgangs, der den unteren Teil der Siegessäule verkleidete. Ich habe diesen Raum, den ein gedämpftes, von seiner Rück-

Die Siegessäule. Postkarte, um 1900.

wand reflektiertes Licht erfüllte, nie betreten; ich fürchtete, dort Schilderungen in der Art derjenigen zu finden, die ich nie ohne Entsetzen in den Stahlstichen Dorés zu Dantes »Hölle« aufgeschlagen hatte. Es schienen mir die Helden, deren Taten dort in der Säulenhalle dämmerten, im stillen ebenso verrufen wie die Scharen, die von Wirbelwinden gepeitscht, in blutende Baumstümpfe eingefleischt, in Gletscherblöcken vereist im finsteren Trichter schmachteten. So war denn dieser Umgang das Inferno, das rechte Widerspiel des Gnadenkreises, der oben um die strahlende Viktoria lief. An manchen Tagen standen Leute droben. Vorm Himmel schienen sie mir schwarz umrandet wie die Figurinen der Klebebilderbogen. Nahm ich nicht Schere oder Leimtopf nur zur Hand, um, nach getaner Arbeit, solche Püppchen vor den Portalen, hinter Büschen, zwischen Pfeilern, und wo es sonst mich lockte, zu verteilen? Geschöpfe solcher seligen Willkür waren droben im Licht die Leute. Ewiger Sonntag war um sie. Oder war es nicht ein ewiger Sedantag?

Die Geschichte des Telefons beginnt mit der Erfindung des Morsetelegrafen durch den US-Amerikaner Samuel F. B. Morse im Jahr 1837, das erstmals die Übermittlung von Signalen durch elektrische Leitungen ermöglichte. Von den vielen Erfindern, die darauf aufbauend funktionierende Telefonapparate entwickelten, war es Alexander Graham Bell, der es schließlich 1876 als Patent anmeldete und auf den Markt brachte. In Deutschland wurde 1877 in Berlin erstmals ein Telefonsignal über mehr als 60 Kilometer übertragen. Noch Ende des 19. Jahrhunderts zogen dann die ersten Telefone in Privathaushalte ein.

*

Das Telephon

Es mag am Bau der Apparate oder der Erinnerung liegen – gewiß ist, daß im Nachhall die Geräusche der ersten Telephongespräche mir sehr anders in den Ohren liegen als die heutigen. Es waren Nachtgeräusche. Keine Muse vermeldet sie. Die Nacht, aus der sie kamen, war die gleiche, die jeder wahren Neugeburt vorhergeht. Und eine neugeborene war die Stimme, die in den Apparaten schlummerte. Auf Tag und Stunde war das Telephon mein Zwillingsbruder. Und so durfte ich erleben, wie es die Erniedrigung der Frühzeit in seiner stolzen Laufbahn überwand. Denn als Kronleuchter, Ofenschirm und Zimmerpalme, Konsole, Gueridon und Erkerbrüstung, die damals in den Vorderzimmern prangten, schon längst verdorben und gestorben waren, hielt, einem sagenhaften Helden gleich, der in der Bergschlucht ausgesetzt gewesen, den dunklen Korridor im Rücken lassend, der Apparat den königlichen Einzug in die gelichteten und helleren, nun von einem jüngeren Geschlecht bewohnten Räume. Ihm wurde er der Trost der Einsamkeit. Den Hoffnungslosen, die diese schlechte Welt verlassen wollten, blinkte er mit dem Licht der letzten Hoffnung. Mit den Verlassenen teilte er ihr Bett. Auch stand er im Begriff, die schrille Stimme, die er aus dem Exil behalten hatte, zu einem warmen Summen abzudämpfen. Denn was bedurfte es noch mehr an Stätten, wo alles seinem Anruf entgegenträumte oder ihn zitternd wie ein Sünder erwartete. Nicht viele, die heute ihn benutzen, wissen noch, welche Verheerungen einst sein Erscheinen im Schoße der Familien verursacht hat. Der Laut, mit dem er zwischen zwei und vier, wenn wieder ein Schulfreund mich zu sprechen wünschte, anschlug, war ein Alarmsignal, das nicht allein die Mittagsruhe meiner Eltern, sondern die weltgeschichtliche Epoche störte, in deren Mitte sie sich ihr ergaben. Meinungsverschiedenheiten mit den Ämtern waren die Regel, ganz zu schweigen von den Drohungen und Donnerworten, die mein Vater gegen die Beschwerdestelle ausstieß. Doch seine eigentlichen Orgien galten der Kurbel, der er sich minutenlang und bis zur Selbstvergessenheit verschrieb. Und seine Hand war wie ein Derwisch, der der Wollust seines Taumels unterliegt. Mir aber schlug das Herz, ich war gewiß, in solchen Fällen drohe der Beamtin als Strafe ihrer Säumigkeit ein Schlag. In diesen Zeiten hing das Telephon entstellt und ausgestoßen zwischen der Truhe für die schmutzige Wäsche und dem Gasometer in einem Winkel des Hinterkorridors, von wo sein Läuten die Schrecken der Berliner Wohnung nur steigerte. Wenn ich dann, meiner Sinne kaum mehr mächtig, nach langem Tasten durch den finstern Schlauch, anlangte, um den Aufruhr abzustellen, die beiden Hörer, welche das Gewicht von Hanteln hatten, abriß und den Kopf dazwischen preßte, war ich gnadenlos der Stimme ausgeliefert, die da sprach. Nichts war, was die unheimliche Gewalt, mit der sie auf mich eindrang, milderte. Ohnmächtig litt ich, wie sie die Besinnung auf Zeit und Pflicht und Vorsatz mir entwand, die eigene Überlegung nichtig machte, und wie das Medium der Stimme, die von drüben seiner sich bemächtigt, folgt, ergab ich mich dem ersten besten Vorschlag, der durch das Telephon an mich erging.

Der Große Tiergarten, im Ortsteil Tiergarten des Bezirks Mitte gelegen, ist mit 210 Hektar nach dem Tempelhofer Park die zweitgrößte Berliner Parkfläche. Schon 1527 gab es einen Tiergarten, der als Jagdrevier diente und immer weiter vergrößert wurde. Erst Friedrich II. machte daraus einen Lustpark für die Bevölkerung – mit Blumenbeeten, Wasserbecken, Teichen, Skulpturen und Labyrinthen. 1833 bis 1840 gestaltete Lenné den Tiergarten zu einem Landschaftspark nach englischem Vorbild um. Im Laufe der Jahre kamen zahlreiche Skulpturen und Standbilder hinzu, darunter von Preußens beliebter Königin Luise und ihrem Mann, Friedrich Wilhelm III.

*

Tiergarten

Sich in einer Stadt nicht zurechtfinden heißt nicht viel. In einer Stadt sich aber zu verirren, wie man in einem Walde sich verirrt, braucht Schulung. Da müssen Straßennamen zu dem Irrenden so sprechen wie das Knacken trockner Reiser und kleine Straßen im Stadtinnern ihm die Tageszeiten so deutlich wie eine Bergmulde widerspiegeln. Diese Kunst habe ich spät erlernt; sie hat den Traum erfüllt, von dem die ersten Spuren Labyrinthe auf den Löschblättern meiner Hefte waren. Nein, nicht die ersten, denn vor ihnen war das eine, welches sie überdauert hat. Der Weg in dieses Labyrinth, dem seine Ariadne nicht gefehlt hat, führte über die Bendlerbrücke, deren linde Wölbung die erste Hügelflanke für mich wurde. Unweit von ihrem Fuße lag das Ziel:

Statue von Friedrich Wilhelm III. im Tiergarten, 1879.

der Friedrich Wilhelm und die Königin Luise. Auf ihren runden Sockeln ragten sie aus den Beeten wie gebannt von magischen Kurven, die ein Wasserlauf vor ihnen in den Sand schrieb. Lieber als an die Herrscher wandte ich mich aber an ihre Sockel, weil, was darauf vorging, wenn auch undeutlich im Zusammenhange näher im Raum war. Daß es mit diesem Irrgang etwas auf sich hat, erkannte ich seit jeher an dem breiten, banalen Vorplatz, der durch nichts verriet, daß hier, nur wenige Schritte von dem Korso der Droschken und Karossen abgelegen, der sonderbarste Teil des Parkes schläft. Davon empfing ich schon sehr früh ein Zeichen. Hier nämlich oder unweit muß ihr Lager jene Ariadne abgehalten haben, in deren Nähe ich zum ersten Male, und um es nie mehr zu vergessen, das begriff, was mir als Wort erst später zufiel: Liebe. Doch gleich an seiner Quelle taucht das »Fräulein« auf, das sich als kalter Schatten auf sie legte. Und so war dieser Park, der wie kein anderer den Kindern offen scheint, auch sonst für mich mit Schwierigem, Undurchführbarem verstellt. Wie selten unterschied ich die Fische im Goldfischteich. Wie viel versprach die Hofjägerallee mit ihrem Namen und wie wenig hielt sie. Wie oft suchte ich das Gebüsch umsonst, in dem mit roten, weißen, blauen Türmchen ein Kiosk im Stil der Ankersteinbaukästen stand. Wie hoffnungslos kehrt mit jedem Frühling meine Liebe zum Prinzen Louis Ferdinand zurück, zu dessen Füßen die ersten Krokusse und Narzissen standen. Ein Wasserlauf, der mich von ihnen trennte, machte sie mir so unberührbar, als wenn sie unter einem Glassturz gestanden hätten.

So kalt im Schönen mußte fußen, was fürstlich ist, und ich begriff, warum Luise von Landau, mit der ich im Zirkel saß, bis sie gestorben war, am Lützowufer schräg gegenüber von der kleinen Wildnis hatte wohnen müssen, die ihre Blüten von den Wassern des Kanals betreuen läßt. Später entdeckte ich neue

Winkel; über andere habe ich zugelernt. Jedoch kein Mädchen, kein Erlebnis und kein Buch konnte mir über diesen Neues sagen. Als darum dreißig Jahr danach ein Landeskundiger, ein Bauer von Berlin, sich meiner annahm, um nach langer gemeinsamer Entfernung aus der Stadt mit mir zurückzukehren, durchfurchten seine Pfade diesen Garten, in welchen er die Saat des Schweigens säte. Er ging die Steige voran, und ein jeder war ihm abschüssig. Sie führten hinab, wenn schon nicht zu den Müttern allen Seins, gewiß zu denen dieses Gartens. Im Asphalt, über den er hinging, weckten seine Schritte ein Echo. Das Gas, welches auf unser Pflaster schien, warf ein zweideutiges Licht auf diesen Boden. Die kleinen Treppen, die säulengetragenen Vorhallen, die Friese und Architrave der Tiergartenvillen – von uns zum ersten Male wurden sie beim Wort genommen. Vor allem aber die Treppenhäuser, die mit ihren Scheiben die alten waren, wenn sich auch im Innern, das man bewohnte, viel geändert hatte. Die Verse weiß ich noch, die nach der Schule die Intervalle meines Herzschlags füllten, wenn ich im Treppensteigen innehielt. Sie dämmerten mir von der Scheibe, wo ein Weib, schwebend wie die Sixtinische Madonna, einen Kranz in Händen haltend, aus der Nische trat. Die Riemen meiner Mappe mit den Daumen auf meinen Schultern lüftend, las ich ab: »Arbeit ist des Bürgers Zierde / Segen ist der Mühe Preis.« Die Haustür unten sank mit einem Seufzen, wie ein Gespenst ins Grab, zurück ins Schloß. Draußen regnete es vielleicht. Eine der bunten Scheiben stand offen, und beim Takte der Tropfen ging es weiter die Treppe herauf. Unter den Karyatiden und Atlanten, den Putten und Pomonen aber, die mich damals angesehen hatten, waren mir nun die liebsten jene angestaubten aus dem Geschlecht der Schwellenkundigen, die den Schritt ins Dasein oder in ein Haus behüten. Denn sie verstanden sich aufs Warten. Und so war es ihnen eins, ob sie auf einen Fremden warteten, die Wiederkehr der alten Götter oder auf das Kind, das sich vor dreißig Jahren mit der Mappe an ihrem Fuß vorbeigeschoben hat. In ihrem Zeichen wurde der alte Westen zum antiken, aus dem die westlichen Winde den Schiffern kommen, die ihren Kahn mit den Äpfeln der Hesperiden langsam den Landwehrkanal heraufflößen, um bei der Brücke des Herakles anzulegen. Und wieder hatten, wie in meiner Kindheit, die Hydra und der Nemeische Löwe Platz in der Wildnis um den Großen Stern.

Die Kreuzung »Steglitzer Ecke Genthiner« lag im Ortsteil Tiergarten – und exitiert heute nicht mehr. Zwar führt die Genthiner Straße nach wie vor von der Kurfürstenstraße zum Schöneberger Ufer. Doch die sie einst kreuzende Steglitzer Straße, die 1936 bis 1947 Ludendorffstraße hieß und seit 1947 den Namen Pohlstraße trägt, büßte 1977 den Abschnitt zwischen Kluckstraße und Genthiner Straße ein und wurde verkürzt, wodurch auch besagte Ecke verloren ging.

*

Steglitzer Ecke Genthiner

In jede Kindheit ragten damals noch die Tanten, die ihr Haus nicht mehr verließen, die immer, wenn wir mit der Mutter zu Besuch erschienen, auf uns gewartet hatten, immer unter dem gleichen schwarzen Häubchen und im gleichen Seidenkleide, aus dem gleichen Lehnstuhl, vom gleichen Erkerfenster uns willkommen hießen. Wie Feen, die ein ganzes Tal durchwirken, ohne noch je darein hinabzusteigen, durchwalteten sie ganze Straßenzüge, ohne jemals in ihnen zu erscheinen. Zu diesen Wesen zählte Tante Lehmann. Ihr guter norddeutscher Name bürgte für ihr Recht, ein Menschenalter lang den Erker zu behaupten, unter dem die Steglitzer in die Genthiner Straße mündet. Die Ecke zählt zu denen, die der Wandel der letzten dreißig Jahre kaum berührte. Nur daß in dieser Zeit der Schleier, der sie mir als Kind verhüllte, fiel. Denn damals hieß sie mir noch nicht nach Steglitz. Der Vogel Stieglitz schenkte ihr den Namen. Und hauste nicht die Tante wie ein Vogel, der reden kann, in ihrem Bauer? Stets wenn ich ihn betrat, war er erfüllt vom Zwitschern dieses kleinen, schwarzen Vogels, der über alle Nester und Gehöfte der Mark, wo seine Sippe einst verstreut gesessen hatte, hinweggeflogen war und beider Namen – der Dörfer und der Sippschaft – die so oft genau die gleichen waren, im Gedächtnis hatte. Die Tante wußte die Verschwägerungen, Wohnsitze, Glücks- und Unglücksfälle all der Schoenflies, Rawitschers, Landsbergs, Lindenheims und Stargards, die einst als Vieh- oder Getreidehändler im Märkischen und Mecklenburgischen gesessen hatten. Nun aber waren ihre Söhne und vielleicht schon Enkel hier im alten Westen heimisch, in Straßen, die die Namen preußischer Generäle und manchmal auch der kleinen Städte trugen, aus denen sie hierher gezogen waren. Oft wenn in späteren Jahren mein Expreß an solchen abgeschiedenen Flecken vorüberjagte, sah ich vom Bahndamm aus auf Katen, Höfe, Scheuern und Giebel und ich fragte mich: Sind es vielleicht nicht gerade diese hier gewesen, deren Schatten die Eltern jener alten Mütterchen, bei denen ich als kleiner Junge eintrat, vor Zeiten hinter sich gelassen haben. Dort bot mir eine brüchige und spröde Stimme gläsern den guten Tag. Doch war sie nirgends so fein gesponnen und auf das gestimmt, was mich erwartete, wie Tante Lehmanns. Kaum war ich nämlich eingetreten, trug sie Sorge, daß man den großen Glaswürfel vor mich stellte, der ein ganzes lebendiges Bergwerk in sich schloß, worin sich kleine Knappen, Hauer, Steiger mit Karren, Hämmern und Laternen pünktlich im Takte eines Uhrwerks regten. Dies Spielzeug – wenn man es so nennen darf – entstammte einer Zeit, die auch dem Kind des reichen Bürgerhauses noch den Blick auf Arbeitsplätze und Maschinen gönnte. Und unter ihnen allen war das Bergwerk von jeher ausgezeichnet, weil es nicht nur die Schätze wies, die eine harte Arbeit zum Nutzen aller Tüchtigen ihm entwand, sondern auch jenen Silberblick aus seinen Adern, an den das Biedermeier mit Jean Paul, Novalis, Tieck und Werner sich verloren hatte. Doppelt verwahrt war diese Erkerwohnung, wie es für Räume sich gehörte, die so Kostbares in sich zu bergen hatten. Gleich nach dem Haustor fand sich links im Flur die dunkle Tür zur Wohnung mit der Schelle. Wenn sie sich vor mir auftat, führte, steil und atemraubend, eine Stiege aufwärts, wie ich es später nur noch in Bauernhäusern gefunden habe. Im Schein des trüben Gaslichts, das von oben kam, stand eine alte Dienerin, in deren Schutz ich gleich darauf die zweite Schwelle, die zur Diele dieser düstern Wohnung führte, überschritt. Ich hätte sie mir aber ohne eine von diesen Alten gar nicht denken können. Weil sie mit ihrer Herrschaft einen Schatz, wenn auch verschwiegener Erinnerungen teilten, verstanden sie sie nicht allein aufs Wort, sondern vermochten sie vor jedem Fremden mit allem Anstand zu vertreten. Vor keinem aber leichter als vor mir, auf den sie meist viel besser sich verstanden als die Herrschaft. Und dafür hatte ich dann wieder Blicke der Ehrfurcht, ja Bewunderung für sie. Sie waren, nicht nur leiblich, meist massiver, gewaltiger als die Gebieterinnen, und es kam vor, daß der Salon da drinnen, trotz Bergwerk oder Schokolade, mir nicht so viel zu sagen hatte wie das Vestibül, in dem die alte Stütze, wenn ich kam, das Mäntelchen wie eine Last mir abnahm und, wenn ich ging, die Mütze mir, als wenn sie mich segnen wollte, in die Stirne drückte.

Die Markthalle auf dem Magdeburger Platz am Südrand des Ortsteils Tiergarten entstand 1888 als sogenannte Kleinmarkthalle. Sie war Teil eines kommunalen Bauprogramms, das die Versorgung der wachsenden Bevölkerung Berlins sicherstellen sollte und trug den Namen Markthalle V. Das freistehende Gebäude wurde im Zweiten Weltkrieg zerstört, der Magdeburger Platz ist heute eine öffentliche Grünfläche.

*

Markthalle Magdeburger Platz

Vor allem denke man nicht, daß es Markt-Halle hieß. Nein, man sprach »Mark-Thalle«, und wie diese beiden Wörter in der Gewohnheit des Sprechens verschliffen waren, daß keines seinen ursprünglichen Sinn beibehielt, so waren in der Gewohnheit meines Gangs durch diese Halle verschliffen alle Bilder, welche sie gewährte, so daß ihrer keines sich dem ursprünglichen Begriff von Einkauf oder Verkauf darbot. Hatte man den Vorraum mit den schweren, in kräftigen Spiralen schwingenden Türen hinter sich gelassen, heftete sich der erste Blick auf Fliesen, die von Fischwasser oder Spülwasser schlüpfrig waren und auf denen man leicht auf Karotten ausgleiten konnte oder auf Lattichblättern. Hinter Drahtverschlägen, jeder behaftet mit einer Nummer, thronten die schwerbeweglichen Weiber, Priesterinnen der käuflichen Ceres, Marktweiber aller Feld- und Baumfrüchte, aller eßbaren Vögel, Fische und Säuger, Kupplerinnen, unantastbare strickwollene Kolosse, welche von Stand zu Stand mit einander, sei es mit einem Blitzen der großen Knöpfe, sei es mit einem Klat-

Markthalle V, Innenansicht, um 1890.

schen auf ihre Schürze, sei es mit busenschwellendem Seufzen, verkehrten. Brodelte, quoll und schwoll es nicht unterm Saum ihrer Röcke, war nicht dies der wahrhaft fruchtbare Boden? Warf nicht in ihren Schoß ein Marktgott selber die Ware: Beeren, Schaltiere, Pilze, Klumpen von Fleisch und Kohl, unsichtbar beiwohnend ihnen, die sich ihm gaben, während sie träge, gegen Tonnen gelehnt oder die Waage mit schlaffen Ketten zwischen den Knien, schweigend die Reihen der Hausfrauen musterten, die mit Taschen und Netzen beladen, mühsam die Brut vor sich durch die glatten, stinkenden Gassen zu steuern suchten. Wenn es dann aber dämmerte und man müde wurde, sank man tiefer als ein erschöpfter Schwimmer. Endlich trieb man im lauen Strom stummer Kunden dahin, die wie Fische auf die stachligen Riffe glotzten, wo die schwammigen Najaden sich's wohl sein ließen.

Der Zoologische Garten Berlin wurde 1844 gegründet – auf Initiative des Zoologen der Friedrich-Wilhelms-Universität Berlin, Martin Hinrich Lichtenstein, und durch eine königliche Order von Friedrich Wilhelm IV., der einen Teil der Fasanerie am südwestlichen Rand des Tiergartens dafür zur Verfügung stellte. Er ist damit der älteste Zoo Deutschlands und gilt heute als artenreichster weltweit.

*

Der Fischotter

Wie man aus der Wohnung, wo einer haust, und aus dem Stadtviertel, das er bewohnt, sich ein Bild von seiner Natur und Wesensart macht, hielt ich es mit den Tieren des Zoologischen Gartens. Von den Straußen, welche vor einem Hintergrund von Sphinxen und Pyramiden Spalier bildeten, bis zu dem Nilpferd, das seine Pagode wie ein Zauberpriester bewohnte, der auf dem Wege ist, leibhaftig mit dem Dämon, dem er dient, sich zu verschmelzen, war kaum ein Tier, dessen Behausung ich nicht liebte oder fürchtete. Seltner waren die unter ihnen, die schon durch die Lage des Hauses etwas Besonderes hatten – meist Insassen des Weichbilds: jener Teile, mit denen der Zoologische Garten an die Kaffeeschenken oder das Ausstellungsgelände anstieß. Vor allen andern Bewohnern solcher Gegenden war aber der Fischotter bemerkenswert. Unter den drei Portalen war ihm das an der Lichtensteinbrücke zunächst gelegen. Es war bei weitem das am wenigsten benutzte, führte auch in die abgestorbenste Region des Gartens. Die Allee, die den Besucher da empfing, äh-

Im Zoologischen Garten, um 1900.

nelte mit den weißen Kugeln ihrer Kandelaber einer verlassenen Promenade von Eilsen oder Bad Pyrmont, und lange ehe diese Orte so verödet lagen, daß sie antiker als Thermen sind, trug dieser Winkel des Zoologischen Gartens die Züge des Kommenden. Es war ein prophetischer Winkel. Denn wie es Pflanzen gibt, von denen man erzählt, daß sie die Kraft besitzen, in die Zukunft sehen zu lassen, so gibt es Orte, die die gleiche Gabe haben. Verlassene sind es meist, auch Wipfel, die gegen Mauern stehn, Sackgassen oder Vorgärten, wo kein Mensch sich jemals aufhält. An solchen Orten scheint es, als sei alles, was eigentlich uns bevorsteht, ein Vergangenes. In diesem Teile des Zoologischen Gartens also war es, wo immer, wenn ich mich dahin verirrte, ein Blick mir über den Brunnenrand vergönnt war, welcher hier wie in der Mitte eines Kurparks aufstieg. Das war der Zwinger des Fischotters. Ein Zwinger in der Tat; denn starke Stäbe vergitterten die Brüstung des Bassins, in dem das Tier sich aufhielt. Ein kleiner Fels- und Grottenbau umsäumte im Hintergrunde das Oval des Beckens. Er war als Wohnung für das Tier gedacht; doch habe ich es niemals darin angetroffen. Und so verblieb ich häufig, endlos wartend, vor dieser unergründlichen und schwarzen Tiefe, um irgendwo den Otter zu entdecken. Gelang es endlich, war es sicher nur für einen Nu, denn augenblicklich war der gleißende Insasse der Zisterne wieder von neuem in der nassen Nacht verschwunden. Gewiß, in Wahrheit war es keine Zisterne, in der man den Otter hielt. Doch wenn ich in sein Wasser blickte, war mir immer, als stürze Regen in alle Gullis der Stadt, nur um in dieses Becken zu münden und sein Tier zu speisen. Denn es war ein verwöhntes Tier, das hier behaust war und dem die leere, feuchte Grotte mehr als Tempel denn als Zufluchtsstätte diente. Es war das heilige Tier des Regenwassers. Ob es aber in diesen Abwässern und Wässern sich gebildet habe oder von seinem Strömen und von seinem Rinnsale nur sich speise, hätte ich nicht entscheiden können. Immer war es aufs äußerste beschäftigt, so als wenn es in seiner Tiefe unentbehrlich sei. Aber ich hätte liebe, lange Tage die Stirne an sein Gatter legen können, ohne mich an ihm sattzusehen. Und auch darin bewies es seine heimliche Verwandtschaft mit dem Regen. Denn niemals war der liebe, lange Tag mir lieber, niemals länger, als wenn Regen mit seinen feinen oder groben Zähnen ihm langsam Stunden und Minuten strähnte. So folgsam wie ein kleines Mädchen beugte er den Scheitel unter diesen grauen Kamm. Und unersättlich sah ich ihm dann zu. Ich wartete. Nicht bis es nachließ. Sondern daß es mehr und immer üppiger herunterrausche. Ich hörte es an die Scheiben trommeln, aus den Traufen strömen und gurgelnd in die Abflußrohre niederrauschen. Im guten Regen war ich ganz geborgen. Und meine Zukunft rauschte es mir zu, wie man ein Schlaflied an der Wiege singt. Wie gut begriff ich, daß man in ihm wächst. In solchen Stunden hinterm trüben Fenster war ich bei dem Fischotter zu Hause. Doch eigentlich merkte ich das immer erst, wenn ich das nächstemal vorm Zwinger stand. Dann mußte ich wieder lange warten, bis der schwarze, gleißende Leib heraufschoß, um sogleich zu eiligen Geschäften hinabzuschnellen.

Die Straße Blumeshof, eigentlich Blumes Hof, hatte der Kaufmann und Inhaber des Wechsel- und Bankgeschäfts Friedrich Blume u. Comp. als Privatstraße anlegen lassen. Zudem erhielt er 1864 die Sondergenehmigung, den Verkehrsweg Blumes Hof zu nennen. Sie verlief vom Schöneberger Ufer bis zur Lützowstraße und wurde zwischen 1962 und 1964 schrittweise aufgelöst. Im Haus Blumeshof 12 wohnte Walter Benjamins Großmutter mütterlicherseits Hedwig Schoenflies-Hirschfeld.

*

Blumeshof 12

Keine Klingel schlug freundlicher an. Hinter der Schwelle dieser Wohnung war ich geborgener als selbst in der elterlichen. Übrigens hieß es nicht Blumes-Hof, sondern Blume-zoof, und es war eine riesige Plüschblume, die so, aus krauser Hülle, mir ins Gesicht fuhr. In ihrem Innern saß die Großmutter; die Mutter meiner Mutter. Sie war Witwe. Wenn man die alte Dame auf ihrem teppichbelegten und mit einer kleinen Balustrade verzierten Erker, welcher auf den Blumeshof herausging, besuchte, konnte man sich schwerlich denken, wie sie große Seefahrten oder gar Ausflüge in die Wüste unter Leitung von »Stangens Reisen« unternommen hatte, an die sie sich alle paar Jahre anschloß. Madonna di Campiglio und Brindisi, Westerland und Athen und von wo sonst sie auf ihren Reisen Ansichtskarten schickte – in ihnen allen stand die Luft von Blumeshof. Und die große, bequeme Handschrift, die den Fuß der Bilder umspielte oder sich in ihrem Himmel wölkte, zeigte sie so ganz und gar von meiner Großmutter bewohnt, daß sie zu Kolonien des Blumeshof wurden. Wenn dann ihr Mutterland sich wieder auftat, betrat ich dessen Dielen so voll Scheu, als hätten sie mit ihrer Herrin auf den Wellen des Bosporus getanzt und als verberge sich in den Persern noch der Staub von Samarkand.

Mit welchen Worten das unvordenkliche Gefühl von bürgerlicher Sicherheit umschreiben, das von dieser Wohnung ausging? Das Inventar in ihren vielen Zimmern würde heute keinem Trödler Ehre machen. Denn wenn auch die Erzeugnisse der siebziger Jahre so viel solider waren als die späteren des Jugendstils – das Unverwechselbare an ihnen war der Schlendrian, mit dem sie dem Lauf der Zeit die Dinge überließen und sich, was ihre Zukunft anbetraf, allein der Haltbarkeit des Materials und nirgends der Vernunftberechnung anvertrauten. Das Elend konnte in diesen Räumen keine Stelle haben, in denen ja nicht einmal der Tod sie hatte. Es gab in ihnen keinen Platz zum Sterben; darum starben ihre Bewohner in den Sanatorien, die Möbel aber kamen gleich im ersten Erbgang an den Händler. In ihnen war der Tod nicht vorgesehen. Darum erschienen sie bei Tage so gemütlich und wurden nachts der Schauplatz böser Träume. Das Stiegenhaus, das ich betrat, erwies sich als Wohnsitz eines Alps, der mich zuerst an allen Gliedern schwer und kraftlos machte, um schließlich, als mich nur noch wenige Schritte von der ersehnten Schwelle trennten, mich in Bann zu schlagen. Dergleichen Träume sind der Preis gewesen, mit dem ich die Geborgenheit erkaufte. Die Großmutter starb nicht im Blumeshof. Ihr gegenüber wohnte lange Zeit die Mutter meines Vaters, die schon älter war. Auch sie starb anderswo. So ist die Straße mir zum Elysium, zum Schattenreich unsterblicher, doch abgeschiedener Großmütter geworden. Und weil die Phantasie, wenn sie einmal den Schleier über eine Gegend geworfen hat, gern seine Ränder von unfaßlichen Launen sich kräuseln läßt, hat sie ein Kolonialwarengeschäft, das in der Nähe liegt, zu einem Denkmal des Großvaters gemacht, der Kaufmann war, nur weil sein Inhaber auch Georg hieß. Das Brustbild dieses Frühverstorbenen hing lebensgroß und als Pendant zu jenem seiner Frau im Flur, der zu den abgelegeneren Teilen der Wohnung führte. Wechselnde Gelegenheiten riefen sie ins Leben. Der Besuch einer verheirateten Tochter eröffnete ein längst außer Gebrauch gekommenes Spindenzimmer; ein anderes Hinterzimmer nahm mich auf, wenn die Erwachsenen Mittagsruhe hielten; ein drittes war es, aus dem das Scheppern der Nähmaschine an den Tagen drang, an denen eine Schneiderin ins Haus kam. Der wichtigste von diesen abgelegenen Räumen war für mich die Loggia, sei es, weil sie, bescheidener möbliert, von den Erwachsenen weniger geschätzt war, sei es, weil gedämpft der Straßenlärm heraufdrang, sei es, weil sie mir den Blick auf fremde Höfe mit Portiers, Kindern und Leierkastenmännern freigab. Es waren übrigens mehr Stimmen als Gestalten, die von der Loggia sich eröffneten. Auch war das Viertel vornehm und das Treiben auf seinen Höfen niemals sehr bewegt; etwas von der Gelassenheit der Reichen, für die die Arbeit hier verrichtet wurde, hatte sich dieser selber mitgeteilt, und alles schien bereit, ganz unversehens in tiefen Sonntagsfrieden zu verfallen. Darum war der Sonntag der Tag der Loggia. Der Sonntag, den die andern Räume, die wie schadhaft waren, nie ganz fassen konnten, denn er sickerte durch sie hindurch – allein die Loggia, die auf den Hof mit seinen Teppichstangen und den andern Loggien hinausging, faßte ihn, und keine Schwingung der Glockenfracht, mit der die Zwölf-Apostel- und die Matthäi-Kirche sie beluden, glitt von ihr hinab, sondern bis Abend blieben sie dort aufgestapelt. Die Zimmer dieser

Wohnung waren nicht nur zahlreich, sondern zum Teil sehr ausgedehnt. Der Großmutter auf ihrem Erker guten Tag zu sagen, wo neben ihrem Nähkorb dann sehr bald Obst oder Schokolade vor mir stand, mußte ich durch das riesige Speisezimmer, um dann das Erkerzimmer zu durchwandern.

Aber der erste Weihnachtsfeiertag erst zeigte, wozu denn eigentlich diese Räume geschaffen waren. Freilich war der Beginn des großen Festes alljährlich mit einer sonderbaren Schwierigkeit verbunden. Die langen Tafeln nämlich, welche der Bescherung dienten, waren der Menge der Beschenkten wegen dicht bestellt. Es war da nicht nur die Familie in allen ihren Verzweigungen bedacht; auch die Bedienung hatte ihre Plätze unterm Baum und neben der jeweiligen auch die alte, die schon im Ruhestande war. So nahe darum Platz an Platz stieß, war man nie vor unvorhergesehenen Gebietsverlusten sicher, wenn nachmittags, nach Schluß des großen Essens noch einem alten Faktotum oder dem Portierkind aufzudecken war. Aber nicht darin lag die Schwierigkeit, sondern zu Anfang, wenn die Flügeltür sich auftat. Im Hintergrund des großen Zimmers glitzerte der Baum. An den langen Tafeln war keine Stelle, von der nicht zumindest ein bunter Teller mit dem Marzipan und seinen Tannenzweigen lockte; dazu winkten von vielen Spielsachen und Bücher. Besser, nicht zu genau sich auf sie einzulassen. Ich hätte mir den Tag verderben können, wenn ich mich vorschnell auf Geschenke stimmte, die dann rechtmäßiger Besitz von andern wurden. Dem zu entgehen, blieb ich auf der Schwelle wie angewurzelt stehen, auf den Lippen ein Lächeln, von dem keiner hätte sagen können, ob der Glanz des Baumes es in mir erweckte oder aber der der mir bestimmten Gaben, denen ich mich, überwältigt, nicht zu nahen wagte. Aber am Ende war es ein Drittes, was tiefer als die vorgetäuschten Gründe und sogar als mein echter mich bestimmte.

Denn noch gehörten die Geschenke dort ein wenig mehr dem Geber als mir selbst. Sie waren spröde; groß war meine Angst, sie ungeschickt vor aller Augen anzufassen. Erst draußen auf der Diele, wo das Mädchen sie uns mit Packpapier umwickelte und ihre Form in Bündeln und Kartons verschwunden war, um uns an ihrer Statt als Bürgschaft ihr Gewicht zu hinterlassen, waren wir ganz der neuen Habe sicher. Das war nach vielen Stunden. Wenn wir dann, die Sachen fest eingeschlagen und verschnürt am Arm, in die Dämmerung hinaustraten, die Droschke vor der Haustür wartete, der Schnee unangetastet auf Gesimsen und Staketen, getrübter auf dem Pflaster lag, vom Lützowufer her Geklingel eines Schlittens anging und die Gaslaternen, die eine nach der andern sich erhellten, den Gang des Laternenanzünders verrieten, der auch an diesem süßen Feiertagabend seine Stange hatte schultern müssen dann war die Stadt so in sich selbst versunken wie ein Sack, der schwer von mir und meinem Glück war.

Der Lesekasten ist eine Lernhilfe zum Lesen- und Schreibenlernen. Er wurde im 18. Jahrhundert vom Reformpädagogen und ehemaligen Kaufmann Johann Peter Hundeiker erfunden. Der Kasten enthält Buchstabenkarten, mit denen Schüler – etwa vom Lehrer vorgegebene – Wörter zusammensetzen bzw. buchstabieren und anschließend vorlesen können.

*

Der Lesekasten

Nie wieder können wir Vergessenes ganz zurückgewinnen. Und das ist vielleicht gut. Der Chock des Wiederhabens wäre so zerstörend, daß wir im Augenblick aufhören müßten, unsere Sehnsucht zu verstehen. So aber verstehen wir sie, und um so besser, je versunkener das Vergessene in uns liegt. Wie das verlorene Wort, das eben noch auf unseren Lippen lag, die Zunge zu demosthenischer Beflügelung lösen würde, so scheint uns das Vergessene schwer vom ganzen gelebten Leben, das es uns verspricht. Vielleicht ist, was Vergessenes so beschwert und trächtig macht, nichts anderes als die Spur verschollener Gewohnheiten, in die wir uns nicht mehr finden könnten. Vielleicht ist seine Mischung mit den Stäubchen unserer zerfallenen Gehäuse das Geheimnis, aus dem es überdauert. Wie dem auch sei – für jeden gibt es Dinge, die dauerhaftere Gewohnheiten in ihm entfalteten als alle anderen. An ihnen formten sich die Fähigkeiten, die für sein Dasein mitbestimmend wurden. Und weil das, was mein eigenes angeht, Lesen und Schreiben waren, weckt von allem, was mir in früheren Jahren unterkam, nichts größere Sehnsucht als der Lesekasten. Er enthielt auf kleinen Täfelchen die Lettern, einzeln, in deutscher Schrift, in der sie jünger und auch mädchenhafter schienen als im Druck. Sie betteten sich schlank aufs schräge Lager, jede einzelne vollendet und in ihrer Reihenfolge gebunden durch die Regel ihres Ordens, das Wort, dem sie als Schwestern angehörten. Ich bewunderte, wie soviel Anspruchslosigkeit vereint mit soviel Herrlichkeit bestehen könne. Es war ein Gnadenstand. Und meine Rechte, die sich gehorsam um ihn mühte, fand ihn nicht. Sie mußte draußen wie der Pförtner sitzen, der die Erwählten durchzulassen hat. So war ihr Umgang mit den Lettern voll Entsagung. Die Sehnsucht, die er mir erweckt, beweist, wie sehr er eins mit meiner Kindheit gewesen ist. Was ich in Wahrheit in ihm suche, ist sie selbst: die ganze Kindheit, wie sie in dem Griff gelegen hat, mit dem die Hand die Lettern in die Leiste schob, in der sie sich zu Wörtern reihen sollten. Die Hand kann diesen Griff noch träumen, aber nie mehr erwachen, um ihn wirklich zu vollziehen. So kann ich davon träumen, wie ich einmal das Gehen lernte. Doch das hilft mir nichts. Nun kann ich gehen; gehen lernen nicht mehr.

Mit der Lästerallee sind die breiten Wege des Berliner Zoos gemeint, auf denen die Spaziergänger ungestört miteinander über andere herziehen konnten. Die Rousseau-Insel wiederum ist eine künstliche kleine Insel im Großen Tiergarten. Sie wurde 1792 angelegt und 1797 nach dem französisch-schweizerischen Philosophen Jean-Jacques Rousseau benannt, dem auch eine auf dem Eiland errichtete, denkmalgeschützte Säule gewidmet ist. Im 19. Jahrhundert entwickelte sich der See, in dem die Insel sich befand, zum beliebten Eislaufrevier der Berliner.

*

Zwei Blechkapellen

Nie mehr hat Musik etwas derart Entmenschtes, Schamloses besessen wie die des Militärorchesters, das den Strom von Menschen temperierte, der sich zwischen den Kaffeerestaurationen des Zoo die Lästerallee entlangschob. Heute erkenne ich, was die Gewalt dieser Strömung ausmachte. Für den Berliner gab es keine höhere Schule der Liebe als diese, die umgeben war von den Sandplätzen der Gnus und Zebras, den kahlen Bäumen und Riffen, wo die Aasgeier und die Condore nisteten, den stinkenden Wolfsgattern und den Brutplätzen der Pelikane und Reiher. Die Rufe und die Schreie dieser Tiere mischten sich mit dem Lärm der Pauken und des Schlagzeugs. Das war die Luft, in der zum ersten Mal der Blick des Knaben einer Vorübergehenden sich anzudrängen suchte, während er umso eifriger zu seinem Freund sprach. Und derart angestrengt war sein Bestreben, weder im Tonfall noch im Blick sich zu verraten, daß er von der Vorübergehenden nichts sah.

Viel früher hat er eine andre Blechmusik gekannt. Und wie verschieden waren beide: diese, die sich schwül und lockend im Laub- und Zeltdach wiegte, und jene ältere, die blank und schmetternd in der kalten Luft wie unter einem dünnen Glassturz stand. Sie lockte von der Rousseau-Insel und beschwingte die Schlittschuhläufer auf dem Neuen See zu ihren Schleifen und zu ihren Bögen. Auch ich war unter ihnen, lange eh ich die Herkunft dieses Inselnamens, von den Schwierigkeiten seiner Schreibart zu schweigen, mir träumen ließ. Durch ihre Lage war diese Eisbahn keiner andern zu vergleichen und mehr noch durch ihr Leben in den Jahreszeiten. Denn was machte der Sommer aus den andern? Tennisplätze. Hier jedoch erstreckte unter den weit überhängenden Ästen der Uferbäume sich derselbe See, der mich, gerahmt, im dunklen Speisezimmer bei meiner Großmutter erwartete. Denn man malte ihn damals gern mit seinen labyrinthischen Wasserläufen. Und nun glitt man beim Klang eines Wiener Walzers unter den gleichen Brücken hin, an deren Brüstung gelehnt im Sommer man der trägen Fahrt der Boote durch das dunkle Wasser zusah. Verschlungne Wege gab es in der Nähe und vor allem die abgelegnen Asyle – Bänke »nur für Erwachsene«. Das Rondell der Buddelplätze war damit bestellt, in deren Mitte die Kleinen wühlten oder sinnend standen, bis eins sie anstieß oder von der Bank das Kindermädchen rief, das hinterm Wagen gelehrig seinen Schmöker las und beinah ohne emporzusehen das Kind in Zucht hielt.

Soviel von diesen Ufern. Doch der See lebt mir noch in dem Takte der von Schlittschuhn plumpen Füße, die nach einem Streifzuge übers Eis von neuem den Bretterboden fühlten und in eine Bude polterten, in der ein Eisenofen glühte. Nahebei die

Die Rousseauinsel im Tiergarten, 1879.

Bank, wo man die Last an seinen Füßen noch einmal wog, bevor man sich entschloß, sie abzuschnallen. Ruhte dann der Schenkel schräg auf dem Knie und lockerte der Schlittschuh sich, so wars als wüchsen Flügel uns an beiden Sohlen und mit Schritten, die dem gefrorenen Boden zunickten, traten wir ins Freie. Von der Insel brachte Musik mich noch ein Stück nach Haus.

Walter Benjamins Elternhaus befand sich – um 1900 – im Viertel südlich des Tiergartens, in der Carmerstraße 3. Sein Geburtshaus stand weiter östlich, am Magdeburger Platz 4. Etliche seiner Texte aus der »Berliner Kindheit um 1900« beziehen sich auf Straßen, Häuser oder Plätze dieses Gebiets, in dem zahlreiche Verwandte der Familie wohnten, darunter Benjamins Großmutter (»Blumeshof 12«) und eine Tante Lehmann (»Steglitzer Ecke Genthiner«).

*

Bettler und Huren

In meiner Kindheit war ich ein Gefangener des alten und neuen Westens. Mein Clan bewohnte diese beiden Viertel damals in einer Haltung, die gemischt war aus Verbissenheit und Selbstgefühl und die aus ihnen ein Ghetto machte, das er als sein Lehen betrachtete. In dies Quartier Besitzender blieb ich geschlossen, ohne um ein anderes zu wissen. Die Armen – für die reichen Kinder meines Alters gab es sie nur als Bettler. Und es war ein großer Fortschritt der Erkenntnis, als mir zum erstenmal die Armut in der Schmach der schlechtbezahlten Arbeit dämmerte. Das war in einer kleinen Niederschrift, vielleicht der ersten, die ich ganz für mich selbst verfaßte. Sie hatte es mit einem Mann zu tun, der Zettel austeilt und mit den Erniedrigungen, die er durch ein Publikum erfährt, das für die Zettel kein Interesse hat. So kommt es, daß der Arme – damit schloß ich – sich heimlich seines ganzen Packs entledigt. Gewiß die unfruchtbarste Bereinigung der Lage. Aber keine andere Form der Revolte ging mir damals ein als die der Sabotage; diese freilich aus eigenster Erfahrung. Auf sie griff ich zurück, wenn ich der Mutter mich zu entziehen suchte. Am liebsten aber bei den »Besorgungen«, und zwar mit einem verstockten Eigensinn, der meine Mutter oft zur Verzweiflung brachte. Ich hatte nämlich die Gewohnheit angenommen, immer um einen halben Schritt zurückzubleiben. Es war als wolle ich in keinem Falle eine Front, und sei es mit der eigenen Mutter, bilden. Wieviel ich dieser träumerischen Resistenz bei den gemeinschaftlichen Gängen durch die Stadt zu danken hatte, fand sich später, als ihr Labyrinth sich dem Geschlechtstrieb öffnete. Der aber suchte mit seinem ersten Tasten nicht den Leib, sondern die ganz verworfene Psyche, deren Flügel faulig im Scheine einer Gaslaterne glänzten oder noch unentfaltet unterm Pelz, in welchen sie verpuppt war, schlummerten. Ein Blick, der nicht den dritten Teil von dem zu sehen scheint, was er in Wahrheit umfaßte, kam mir nun zugut. Schon damals aber als noch meine Mutter mein Brödeln und verschlafenes Schlendern schalt, spürte ich dumpf die Möglichkeit, im Bund mit diesen Straßen, in denen ich mich scheinbar nicht zurechtfand, mich später ihrer Herrschaft zu entziehn. Kein Zweifel jedenfalls, daß ein Gefühl – ein trügerisches leider – ihr und ihrer und meiner eignen Klasse abzusagen, Schuld an dem beispiellosen Anreiz trug, auf offener Straße eine Hure anzusprechen. Stunden konnte es dauern, bis es dahin kam. Das Grauen, das ich dabei fühlte, war das gleiche, mit dem mich ein Automat erfüllt hätte, den in Betrieb zu setzen, es an einer Frage genug gewesen wäre. Und so warf ich denn meine Stimme durch den Schlitz. Dann sauste das Blut in meinen Ohren und ich war nicht fähig, die Worte, die da vor mir aus dem stark geschminkten Munde fielen, aufzulesen. Ich lief davon, um in der gleichen Nacht – wie häufig noch – den tollkühnen Versuch zu wiederholen. Wenn ich dann,

Auf einer Kreuzung der Friedrichstraße, um 1900.

manchesmal schon gegen Morgen, in einer Torfahrt innehielt, hatte ich mich in die asphaltenen Bänder der Straße hoffnungslos verstrickt, und die saubersten Hände waren es nicht, die mich freimachten.

Das Hallesche Tor lag im heutigen Berliner Ortsteil Kreuzberg. Das ursprüngliche Tor war Teil der Berliner Zoll- oder Akzisemauer, die im 18. Jahrhundert die Berliner Stadtmauer ersetzte. Bis zum Judenedikt von 1812 war das Tor das einzige im Süden Berlins, das Juden passieren durften. Zwischen 1876 und 1879 wurden anstelle des Tores Wohn- und Geschäftshäuser und die Belle-Alliance-Brücke als Zugang zur Berliner Innenstadt geschaffen. Heute trägt ein an der Stelle des ehemaligen Tores befindlicher U-Bahnhof den Namen Hallesches Tor.

*

Winterabend

Manchmal nahm mich an Winterabenden meine Mutter zum Kaufmann mit. Es war ein dunkles, unbekanntes Berlin, das sich im Gaslicht vor mir ausbreitete. Wir blieben im alten Westen, dessen Straßenzüge einträchtiger und anspruchsloser waren als die später bevorzugten. Die Erker und Säulen gewahrte man nicht mehr deutlich, und in die Fassaden war Licht getreten. Lag es an den Mullgardinen, den Stores oder dem Gasstrumpf unter der Hängelampe – dies Licht verriet von den erleuchteten Zimmern wenig. Es hatte es nur mit sich selbst zu tun. Es zog mich an und machte mich nachdenklich. Das tut es in der Erinnerung heute noch. Dabei geleitet es mich am liebsten zu einer von meinen Ansichtskarten. Sie stellte einen Berliner Platz dar. Die Häuser, die ihn umgaben, waren von zartem Blau, der nächtliche Himmel, an dem der Mond stand, von dunklerem. Der Mond

Hallesches Tor, um 1900.

und die sämtlichen Fenster waren in der blauen Kartonschicht ausgespart. Sie wollten gegen die Lampe gehalten werden, dann brach ein gelber Schein aus den Wolken und Fensterreihen. Ich kannte die abgebildete Gegend nicht. »Hallesches Tor« stand darunter. Tor und Halle traten in ihr zusammen und bildeten die erhellte Grotte, in welcher ich die Erinnerung an das winterliche Berlin vorfinde.

Die Evangelische Elisabeth Klinik gilt nach der Charité als das zweitälteste Krankenhaus Berlins. 1837 gründete der Pastor Johannes Gossner das Krankenhaus auf dem heutigen Gelände an der Lützowstraße. 1838 erhielt es den Namen der Gönnerin, der damaligen Königin Elisabeth. Das Krankenhaus wurde gegen Ende des Zweiten Weltkriegs weitgehend zerstört, anschließend aber wieder aufgebaut. Heute befindet sich das Krankenhaus in Trägerschaft der Paul Gerhardt Diakonie.

*

Unglücksfälle und Verbrechen

Die Stadt versprach sie mir mit jedem Tag aufs neue und am Abend war sie sie schuldig geblieben. Tauchten sie auf, so waren sie, wenn ich an Ort und Stelle kam, schon wieder fort, wie Götter, die nur Augenblicke für die Sterblichen übrig haben. Ein ausgeraubtes Schaufenster, das Haus, aus dem man einen Toten getragen hatte, die Stelle auf dem Fahrdamm, wo ein Pferd gestürzt war – ich faßte vor ihnen Fuß, um an dem flüchtigen Hauch, den dies Geschehn zurückgelassen hatte, mich zu sättigen. Da war er auch schon wieder hin – zerstreut und fortgetragen von dem Haufen Neugieriger, die sich in alle Winde verlaufen hatten. Wer konnte es mit der Feuerwehr aufnehmen, die von ihren Rennern zu unbekannten Brandstätten befördert wurde, wer durch die Milchglasscheiben in das Innere der Krankenwagen blicken? Auf diesen Wagen glitt und stürzte Unglück, dessen Fährte ich nicht erhaschen konnte, durch die Straßen. Doch hatte es noch seltsamere Vehikel, die freilich ihr Geheimnis eigensinnig wie die Zigeunerwagen hüteten. Und auch an ihnen waren es die Fenster, in denen es mir nicht geheuer schien. Eiserne Stäbchen hielten sie verwahrt. Und wenn ihr Abstand auch so winzig war, daß keinesfalls ein Mensch sich durch sie hätte zwängen können, hing ich doch immer den Missetätern nach, die drinnen, wie ich mir erzählte, gefangen saßen. Ich wußte damals nicht, daß das nur Wagen für die Beförderung von Akten waren, begriff sie aber darum nur noch besser als stickige Behältnisse des Unheils. Auch der Kanal, in dem das Wasser doch so dunkel und so langsam trieb, als sei es mit allem Traurigen auf Du und Du, hielt mich von einem Mal zum andern hin. Umsonst war jede seiner vielen Brücken mit einem Rettungsring dem Tod verlobt. So oft ich sie passierte, fand ich sie jungfräulich. Und am Ende lernte ich, mich mit den Tafeln zu begnügen, die Wiederbelebungsversuche an Ertrunkenen zeigen. Doch diese Akte blieben mir so fern wie die steinernen Krieger des Pergamon-Museums.

Für das Unglück war überall vorgesorgt; die Stadt und ich hätten es weich gebettet, aber nirgends ließ es sich sehn. Ja, wenn ich durch die festgeschlossenen Laden in das Elisabeth-Krankenhaus hätte blicken können! Es war mir, wenn ich durch die Lützowstraße kam, aufgefallen, daß manche Laden hier am hellen Tage geschlossen waren. Auf meine Frage hatte ich erfahren, in solchen Zimmern lägen »die Schwerkranken«. Die Juden, wenn sie von dem Todesengel erzählen hörten, der mit seinem Finger die Häuser der Ägypter bezeichnete, deren Erstgeburt sterben sollte, mögen sich diese Häuser so mit Grauen vergegenwärtigt haben wie ich mir die Fenster, deren Laden geschlossen blieben. Aber tat er wirklich sein Werk – der Todesengel? Oder gingen dann eines Tages doch die Laden auf, und legte sich der Schwerkranke als Genesender ins Fenster? Hätte man ihm nicht nachhelfen mögen dem Tod, dem Feuer oder auch nur dem Hagel, der gegen meine Scheiben trommelte, ohne jemals sie zu durchschlagen? Und ist es wunderbar, daß, als nun endlich Unglück und Verbrechen zur Stelle waren, dieses Erlebnis alles um sich her – ja auch die Schwelle zwischen Traum und Wirklichkeit – zunichte machte? So weiß ich nicht mehr, ob es einem Traum entstammt oder nur vielfach in ihm wiederkehrte. In jedem Fall war es im Augenblick bei der Berührung mit der »Kette« gegenwärtig.

»Vergiß nicht, erst die Kette vorzumachen« hieß es, wenn mir gestattet worden war, die Tür zu öffnen. Die Angst vor einem Fuße, der sich in die Tür stemmt, ist mir durch meine Kindheit treu geblieben. Und in der Mitte dieser Ängste dehnt sich endlos wie die Höllenqual das Schrecknis, das offenbar nur eingetreten war, weil nicht die Kette vorlag. Im Arbeitszimmer meines Vaters steht ein Herr. Er ist nicht schlecht gekleidet, und er scheint die Gegenwart der Mutter gar nicht zu bemerken, spricht über sie hinweg, als ob sie Luft wäre. Erst recht ist meine Gegenwart im Nebenzimmer für ihn unbeträchtlich. Der Ton, in dem er spricht, ist vielleicht höflich und wohl kaum sehr drohend. Gefährlicher ist eine Stille, wenn er schweigt. In dieser Wohnung ist kein Telefon. Das Leben meines Vaters hängt an einem Haar. Vielleicht wird er das nicht erkennen und, indem er vom Sekretär, den zu verlassen er noch gar nicht Zeit fand, aufsteht, um den Herrn, der eindrang und längst Fuß gefaßt hat, hinauszuweisen, wird dieser ihm zuvorgekommen sein, abschließen und den Schlüssel an sich nehmen. Dem Vater ist der Rückzug abgeschnitten, und mit der Mutter hat der andre es auch weiter nicht zu tun. Ja das Entsetzlichste an ihm ist seine Weise, sie zu übersehen, als wenn sie mit ihm, dem Mörder und Erpresser, im Bunde wäre.

Vor dem Polizeipräsidium, um 1900.

Weil auch diese finstere Heimsuchung ging, ohne mir ihr Rätselwort zu hinterlassen, habe ich immer den verstanden, der zum ersten besten Feuermelder flüchtet. Sie stehen als Altäre an der Straße, vor denen man zur Unglücksgöttin fleht. Dann stellte ich mir, noch erregender als das Erscheinen des Wagens, die Minute vor, in der man als einziger Passant sein noch entferntes Sturmsignal erlauscht. Fast immer aber hatte man an ihm den besten Teil des Unheils schon dahin. Denn selbst im Falle, daß es brannte, war vom Feuer nichts zu sehn. Es schien, als ob die Stadt die seltene Flamme mit Eifersucht betreue, tief im Innern des Hofes oder Dachgestühls sie nähre und jedermann den Anblick dieses hitzigen, prächtigen Geflügels, das sie sich da gezogen hatte, neide. Feuerwehrleute kamen ab und zu von drinnen, doch sie sahen nicht aus als seien sie den Anblick wert, von dem sie voll sein mußten. Wenn dann ein zweiter Zug mit Schläuchen, Leitern und Boilern vorgefahren kam, so schien er nach den ersten eiligen Manövern sich in den gleichen Schlendrian hineinzufinden und der robuste und behelmte Nachschub mehr Hüter eines unsichtbaren Feuers als sein Feind. Meist aber kamen keine Wagen nach, sondern auf einmal merkte man, daß auch die Polizei verschwunden und das Feuer abgelöscht war. Keiner wollte einem bestätigen, es sei angelegt gewesen.

Die Krumme Straße liegt zwischen Stuttgarter Platz und Otto-Suhr-Allee. Schon auf Karten von 1857 trug der Abschnitt zwischen Wallstraße und Berliner Straße diesen Namen. 1874 reichte er bis zur Bismarckstraße, 1891/92 wurde er verlängert. Der heutige Verlauf besteht seit 1893.

*

Krumme Straße

Das Märchen redet manchmal von Passagen und Galerien, die beiderseits mit Buden voller Lockung und Gefahr bestellt sind. Als Knabe war mir so ein Gang geläufig; er hieß die Krumme Straße. Wo sie den schärfsten Knick hat, lag ihr finsterstes Gelaß: das Schwimmbad mit seinen rotglasierten Ziegelmauern. Mehrmals die Woche wurde das Wasser im Bassin erneuert. Dann hieß es am Portal »Vorübergehend geschlossen« und ich genoß eine Galgenfrist. Ich tat mich vor den Ladenfenstern um und nährte mein Geblüt aus einer Fülle von abgelebten Dingen in ihrer Hut. Dem Schwimmbad gegenüber lag eine Pfandleihe. Den Bürgersteig bedrängten Trödler mit ihrem Hausrat. Es war der Strich, auf dem auch die Monatsgarderoben zu Hause waren.

Wo die Krumme Straße im Westen auslief, gab es einen Laden für Schreibbedarf. Uneingeweihte Blicke in sein Fenster fingen sich an den billigen Nick-Carter-Heften. Ich wußte aber, wo ich im Hintergrunde die anstößigen Schriften zu suchen hatte. An dieser Stelle war kein Verkehr. Ich konnte lange durch die Scheibe starren, um erst bei Kontobüchern, Zirkeln und Oblaten mir ein Alibi zu schaffen, dann aber unvermittelt in den Schoß dieser

An der Alexander-Kaserne, um 1900.

papierenen Schöpfung vorzustoßen. Der Trieb errät, was sich am zähesten in uns erweisen wird; mit dem verschmilzt er. Rosetten und Lampions im Ladenfenster feierten das verfängliche Ereignis.

Nicht weit vom Schwimmbad lag der städtische Lesesaal. Mit seinen eisernen Emporen war er mir nicht zu hoch und nicht zu frostig. Ich witterte mein eigentliches Revier. Denn sein Geruch ging ihm voraus. Er wartete wie unter einer dünnen, bergenden Schicht unter dem feuchten, kalten, der mich im Stiegenhaus empfing. Ich stieß die Eisentür nur schüchtern auf. Doch kaum im Saal, begann die Stille meiner Kräfte sich anzunehmen.

Im Schwimmbad widerte mich der Stimmenlärm, der sich in das Brausen der Leitungen mischte, am meisten an. Er drang schon aus der Vorhalle, wo ein jedes die beinernen Bademarken erstehen mußte. Den Fuß über die Schwelle setzen bedeutete, von der Oberwelt Abschied nehmen. Danach bewahrte einen nichts mehr vor der überwölbten Wassermasse im Innern. Sie war der Sitz einer scheelen Göttin, die darauf aus war, uns an die Brust zu legen und aus den kalten Kammern uns zu tränken, bis dort oben nichts mehr an uns erinnern werde.

Im Winter brannte schon das Gas, wenn ich aus der Badeanstalt nach Hause ging. Das konnte mich nicht hindern, einen Umweg zu machen, der mich hinterrücks, als wollte ich sie auf frischer Tat ertappen, wieder auf meine Ecke führte. Auch in dem Laden brannte Licht. Ein Teil davon fiel auf die ausgestellte Ware und vermischte sich mit jenem der Laternen. In solchem Zwielicht verhieß das Schaufenster noch mehr als sonst. Denn nun verstärkte sich der Bann, den die auf Scherzpostkarten und Broschüren faßlich dargestellte Unzucht um mich legte, durch das Bewußtsein, mit der Tagesarbeit für heute Schluß gemacht zu haben. Was in mir vorging, konnte ich behutsam nach Hause unter meine Lampe tragen. Ja, noch das Bett geleitete mich oft zum Laden und zum Menschenstrom zurück, der durch die Krumme Straße geflutet war. Burschen begegneten mir, die mich stießen. Aber der Hochmut, den sie unterwegs in mir hervorgerufen hatten, kam nicht mehr auf. Der Schlaf gewann der Stille meines Zimmers ein Rauschen ab, das mich für das verhaßte der Badeanstalt in einem Augenblick entschädigt hatte.

Rundfunkarbeiten

Nach seinem gescheiterten Versuch, sich zu habilitieren, begann Benjamin – vermittelt durch seinen Schulfreund Ernst Schoen, der künstlerischer Leiter des Südwestdeutschen Rundfunks in Frankfurt war –, verstärkt fürs Radio zu arbeiten. Zwischen 1929 und 1933 gestaltete er insgesamt mehr als 80 Sendungen, etwa als Vortragender in der »Jugendstunde«, im literarischen Programm für Erwachsene und als Moderator von »Funkspielen« am Abend. Zudem entwickelte er das Radioformat »Hörmodelle«. Die folgenden vier Texte entstammen den sogenannten »Rundfunkgeschichten für Kinder«, in denen er sich immer wieder auch mit seiner Geburtsstadt Berlin auseinandersetzte.

Berliner Dialekt

Also ich will heute mit euch über die Berliner Schnauze sprechen; die sogenannte große Schnauze ist doch das erste, was allen einfällt, wenn man vom Berliner redet. Der Berliner, sagen die Leute in Deutschland, na ja, das ist eben der Mann, bei dem alles zu Hause anders und besser und schlauer gemacht wird wie bei uns. Wenn man's ihm nämlich glaubt. Deswegen haben sie auch den Berliner nicht gern, wenigstens tun sie so. In Wirklichkeit ist es doch sehr schön, wenn man eine Hauptstadt hat, auf die man ein bißchen schimpfen kann.

Aber stimmt das nun überhaupt mit der Berliner Schnauze? Es stimmt und stimmt auch nicht. Jeder von euch kennt natürlich eine Menge Geschichten, wo diese Schnauze so weit aufgerissen wird, daß das Brandenburger Tor darin Platz hätte. Und nachher erzähle ich euch noch ein paar, die ihr vielleicht sogar nicht kennt. Aber wenn man's sich dann näher überlegt, stimmt doch auch manches mit der großen Schnauze wieder nicht. Zum Beispiel, ganz einfach: andere Stämme und Landschaften machen viel Wesens von ihrer besonderen Sprache; Dialekt, so nennt man doch die Sprache, die in den einzelnen Städten oder Gegenden gesprochen wird. Also sie machen viel Wesens davon und sind stolz darauf und lieben ihre Dichter, die wie Reuter Mecklenburger Platt, wie Hebel Alemannisch, wie Gotthelf Schweizerdeutsch geschrieben haben. Und damit haben sie auch recht. Die Berliner sind aber, grade was ihr Berlinern angeht, immer sehr bescheiden gewesen. Sie haben sich eigentlich mehr wegen ihrer Sprache geschämt, wenigstens vor den feinen Leuten und vor den Fremden. Unter sich haben sie natürlich desto mehr Spaß dran gehabt. Sie haben sich auch über das Berlinern lustig gemacht, genauso wie über alles andere. Davon gibt es viele hübsche Geschichten, zum Beispiel: sitzt da ein Mann mit seiner Frau bei Tisch und sagt: »Wat, heute jibts schon wieder Bohnen, ick eßte sie doch erst jestern.« Da verbessert ihn aber seine Frau und sagt: »Man sacht nich, ick eßte, man sacht ick aß«, und da antwortet ihr der Mann: »Det mußt du vielleicht von dir sagen, ick brauch det von mir nich zu sagen.« Oder die bekannte Geschichte von dem Vater, der mit dem Sohn auf der Landpartie ist: »Wie heeßt der Schmetterling, Vater«, da sagt der Vater: »Heeßen heeßt et nich, heißen heeßt et.«

Und man mußte den Berlinern erst Mut machen, zu ihrer Sprache sich auch nach außen zu bekennen. Früher hatten sie das eigentlich nicht nötig. Vor hundert Jahren gab es schon Schriftsteller, die haben Berliner Typen aufgestellt, die dann in ganz Deutschland berühmt wurden. Die bekanntesten davon sind: der Schusterjunge, das Marktweib, der Budiker, der Straßenhändler, vor allem der berühmte Eckensteher Nante. Und dann habt ihr vielleicht einmal, wenn ihr alte Jahrgänge von einem Witzblatt in der Hand gehabt habt, die beiden berühmten Berliner gesehen, von denen der eine ganz dick ist und klein und der andere ganz lang und schmal; die redeten über Politik, und mal hießen sie Kielmeier und Strobelweber und Plümecke und Bohnhammel, mal Meck und Scherbel und zum Schluß einfach Müller und Schulze; und sie haben die schönsten berlinischen Sachen zusammengequatscht. Jede Woche stand etwas Neues davon in der Zeitung. Dann kam aber 1870 und die Reichsgründung, und die Berliner wollten auf einmal sehr hoch hinaus und sehr vornehm werden. Da mußten ihnen erst ein paar große Männer, vor denen sie ja immer Respekt haben, die Courage zu ihrem eigenen Dialekt wiedergeben. Zwei von denen sind komischerweise Maler und keine Dichter. Und es gibt eine Menge wunderschöne Geschichten von ihnen. Der eine, den kennen die meisten von euch

Kinder auf der Knobelsdorff-Brücke, um 1900.

aber nicht, ist der berühmte alte Max Liebermann, der noch lebt und wegen seiner schrecklichen Schnauze gefürchtet ist. Dem hat es nun aber einmal ein anderer Maler, Bondi heißt er, vor ein paar Jahren mächtig gegeben. Da saßen die beiden im Café einander gegenüber und unterhielten sich nett, und auf einmal sagt Liebermann zu dem Bondi: »Wissense Bondi, Sie sind ja 'n janz netter Kerl, wenn Se bloß nich so eklije Hände hätten.« Der Bondi sieht den Professor Liebermann an und sagt: »Herr Professor, da habense ja recht, aber sehnse, die Hände, die kann ick denn eben in meine Tasche stecken, aber wie machen Sie det mit Ihrn Kopp?« Und der andere große Berliner, von dem kennen viele von euch den Namen, der ist vor kurzem gestorben und heißt Heinrich Zille. Wenn der eine besonders schöne Geschichte hörte oder beobachtete, dann ließ er sie nicht einfach so dummweg drucken, sondern zeichnete ein famoses Bild dazu. Und diese Geschichten mit den Bildern hat man jetzt nach seinem Tode gesammelt, ihr könnt sie euch schenken lassen, und viele werdet ihr auch schon kennen. Oder kennt ihr etwa die nicht: ein Vater sitzt mit seinen drei Jungs bei Tisch. Es gibt Nudelsuppe. Da sagt der eine: »Oskar, seh mal, wie Vater die Nudeln um die Schnauze bammeln!« Da sagt der Älteste, der heißt Albert: »Justav, wie kannste denn zu Vater seine Fresse Schnauze sagen!« »Na«, sagt Gustav, »wennt sich der Ochse jefallen läßt!« Nun wird es aber dem Vater zu bunt, er springt auf und sucht nach dem Rohrstock. Und die drei Jungens, Gustav, Albert und Oskar, kriechen unter die Bettstelle. Der Vater versucht, sie herauszukriegen, aber das glückt ihm nicht, und schließlich sagt er zu dem Jüngsten: »Du komm man vor, Oskar, du hast ja nischt jesagt, dir tu ick ja nischt.« Da hört man die Stimme von Oskar unterm Bett: »Dir Aas kenn ick!« Nachher erzähl ich euch noch ein paar Geschichten von frechen Jöhren.

Aber ihr müßt nicht etwa denken, das Berlinische wäre eine Witzesammlung. Es ist eben eine ganz richtige und wundervolle Sprache. Man hat sogar eine richtige Grammatik dieser Sprache geschrieben. Hans Meyer, Direktor der alten Berliner Schule vom Grauen Kloster, hat sie verfaßt, und sie heißt »Der richtige Berliner in Wörtern und Redensarten«. Man kann auf Berlinisch so fein, so witzig, so zart, so klug sprechen wie nur in irgendeiner Sprache sonst. Nur muß man natürlich wissen, wo und wann. Das Berlinische ist eine Sprache, die aus der Arbeit kommt. Sie entsteht nicht bei dem Schriftsteller und bei dem Gelehrten sondern in der Mannschaftsstube und am Skattisch, auf dem Omnibus und im Leihhaus, im Sportpalast und in der Fabrik. Das Berlinisch ist eine Sprache von Leuten, die keine Zeit haben, die sich oft mit einer ganz kurzen Andeutung, einem Blick, einem halben Wort verständigen müssen. Das können nicht Leute, die sich gelegentlich dann und wann in Gesellschaft treffen, sondern nur welche, die sich regelmäßig, tagtäglich, unter ganz bestimmten unveränderten Bedingungen sehen. Unter solchen Leuten entstehen immer besondere Sprachen, und ihr selber habt in der Klasse das beste Beispiel dafür. Es gibt ja eine besondere Schülersprache. So gibt es auch besondere Ausdrücke unter den Arbeitern, unter den Sportsleuten, unter den Soldaten, unter den Dieben usw. usw. Und alle diese Sprachen steuern zum Berlinischen etwas bei, weil eben in Berlin all diese Menschen in den verschiedensten Berufen und Verhältnissen in großen Massen und in einem ungeheuren Tempo zusammenleben. Das Berlinische ist heute einer der schönsten und genauesten Ausdrücke von diesem rasenden Lebenstempo. – Natürlich ist es das nicht immer gewesen. Jetzt lese ich euch eine Berliner Geschichte aus einer Zeit vor, wo Berlin noch nicht die Vier-Millionen-Stadt war, sondern eine Stadt von ein paar hunderttausend Einwohnern.

»Bürstenbinder *(trägt seine Bürsten und Besen, ist aber so betrunken, daß er seine Handelsartikel vergessen hat):* Neunoogen! Neunoogen! Immer ran, wer Jeld hat!

Erster Schusterjunge: Hör'n Se, Herr Schrubber, wer von die Neunoogen en Paar ißt, der bekehrt sich. (*Er verläßt den Betrunkenen und schreit, indem er auf der Straße hin und her rennt:)* Herrjees, nanu is et noch hübscher! Keen Mensch darf nich mehr aus't Fenster roochen!

Mehrere Leute: Wat meenst du'n damit? Ist des wahr? Darf man nich mehr aus't Fenster roochen? Det wär' denn doch zu arch?

Erster Schusterjunge *(fortrennend):* Nee! Man muß aus de Pfeife rochen!– Etsch, etsch!

Eckensteher Brisich *(vor dem Museum):* Det Haus freut mir, det Haus macht mir Spaß.

Eckensteher Lange: Wie so macht dir det Haus Spaß? –

Brisich *(ein wenig torkelnd):* Wie so es mir Spaß macht? Na, wegen die Adlersch da oben druf!

Lange: Na, wie so machen dir denn die Adlersch Spaß? –

Brisich: Weil des königliche Adlersch sind und doch Ecke stehen müssen! Denk' dir, wenn ick son'n königlicher Adler wäre un da oben uf't Museum Ecke stehen müßte als Verzierung! Det wüßt' ick woll: wenn mir durschterte, verziert' ick 'ne Weile nich, sondern zöge meine Pulle raus, jenösse Eenen, und schrie runter uf de Leute: ›Nehmen Se det jefälligst des Museum nich übel! Ein königlicher Adler erholt sich!‹«

Alle Sprachen ändern sich schnell, aber die Sprache einer Großstadt ändert sich noch viel schneller als die Sprache in ländlichen Gegenden. Nun hört euch einmal im Vergleich zu dieser kleinen Geschichte die Sprache eines Ausrufers von heute an. Der Mann, der sie aufgeschrieben hat, heißt Döblin und hat euch

Auf dem Rummelplatz, um 1900.

an einem der letzten Sonnabende von Berlin erzählt. Natürlich wird er sie nicht genau so gehört haben, wie er sie aufgeschrieben hat. Er hat sich eben oft auf den Alexanderplatz hingestellt und den Leuten zugehört, die ihr Zeug da verkaufen, und dann hat er das Beste zusammengeschrieben.

»Warum aber im Westen der feine Mann Schleifen trägt und der Prolet trägt keine? Herrschaften, treten Sie nur näher, Frollein, Sie auch, mit dem Herrn Gemahl, Jugendlichen ist der Eintritt erlaubt, für Jugendliche kostet es hier nicht mehr. Warum trägt der Prolet keine Schleifen? Weil er sie nicht binden kann. Da muß er sich einen Schlipshalter zu kaufen, und wenn er ihn gekauft hat, ist er schlecht und er kann den Schlips nicht mit binden. Das ist Betrug, das verbittert das Volk, das stößt Deutschland noch tiefer ins Elend, als es schon drin sitzt. Warum zum

Beispiel hat man diese großen Schlipshalter nicht getragen? Weil man sich keine Müllschippen um den Hals binden will. Das will weder Mann noch Frau, das will nicht mal der Säugling, wenn der antworten könnte. Man soll darüber nicht lachen, Herrschaften, lachen Sie nicht, wir wissen nicht, was in dem lieben kleinen Kindergehirn vorgeht. Ach Gottchen, das liebe Köpfchen, son kleines Köpfchen und die Härchen, nicht, ist schön, aber Alimente zahlen, da gibts nichts zu lachen, das treibt in Not. Kaufen Sie sich solchen Schlips bei Tietz oder Wertheim, oder, wenn Sie bei Juden nicht kaufen wollen, woanders. Ich bin ein arischer Mann. Die großen Warenhäuser haben keinen Grund, sich von mir Reklame machen zu lassen, die können auch ohne mir bestehen. Kaufen Sie sich solchen Schlips, wie ich hier habe, und dann denken Sie daran, wie Sie ihn morgens binden sollen. Herrschaften, wer hat heutzutage Zeit, sich morgens einen Schlips zu binden, und gönnt sich nicht lieber die Minute mehr Schlaf. Wir brauchen alle viel Schlaf, weil wir viel arbeiten müssen und wenig verdienen. Ein solcher Schlipshalter erleichtert Ihnen den Schlaf. Er macht den Apotheken Konkurrenz, denn wer solchen Schlipshalter kauft, wie ich hier habe, braucht kein Schlafgift und keinen Schlummerpunsch und nichts. Er schläft ungewiegt wie das Kind an der Mutterbrust, weil er weiß: es gibt morgens kein Gedränge; was er braucht, liegt auf der Kommode fix und fertig und braucht bloß in den Kragen geschoben zu werden. Sie geben Ihr Geld für viel Dreck aus. Da haben Sie voriges Jahr die Ganofim gesehn im Krokodil, vorne gab es heiße Bockwurst, hinten hat Jolly gelegen im Glaskasten und hat sich den Sauerkohl um den Mund wachsen lassen. Das hat jeder von Ihnen gesehn, – treten Sie nur dichter zusammen, damit daß ich meine Stimme schonen kann, ich hab meine Stimme nicht versichert, mir fehlt noch die erste Anzahlung – wie Jolly im Glaskasten lag, das haben Sie gesehn. Wie sie ihm aber Schokolade zugesteckt haben, das haben Sie nicht gesehn. Hier kaufen Sie ehrliche Ware, es ist nicht Zelluloid, es ist Gummi gewalzt, ein Stück zwanzich Pfennig, drei Stück fuffzich.«

Hieran könnt ihr auch gleich sehen, wie nützlich die Berliner Schnauze sein kann, und wie jemand mit ihr Geld verdient, wenn er für seinen Krawattenbinder soviel Betrieb machen kann, als ob er ein ganzes Warenhaus leitet.

So eine Sprache erneuert sich jeden Augenblick. Alle Ereignisse, große und kleine, lassen ihren Abdruck darin zurück. Krieg und Inflation ebensogut wie ein Zeppelinbesuch oder der Einzug von Amanullah oder der eiserne Justav. Es gibt sogar richtige berlinische Sprachmoden. Manche von euch erinnern sich vielleicht noch an das berühmte »Bei mir«. Zum Beispiel: wenn einer angequatscht wird von einem, mit dem er nicht reden will, sagte er: »Bei mir Kaiser Wilhelm-Gedächtniskirche«. Das heißt eben: Türme. Und »türme« heißt ja auf Deutsch bekanntlich: »Mach, daß du fortkommst!« Oder ein kleiner Junge, dem man eine Bestellung aufgibt; und man fragt ihn: »Wirst du's auch ordentlich besorgen?« Da sagt er: »Bei mir Schiefertafel«. (Auf mir könn' Sie rechnen.)

An vielen von diesen Geschichten werdet ihr schon gemerkt haben, die große Schnauze ist nicht das einzig Merkwürdige an den Berlinern. Man kann zum Beispiel sehr unverschämt und dennoch sehr ungeschickt sein. Der Berliner, jedenfalls der beßre, verbindet aber seine Unverschämtheit immer mit sehr viel Schlagfertigkeit und Geist und Witz. Er läßt sich, wie man sagt, »nich for dumm verkaufen«. Da gibt es zum Beispiel diese schöne Geschichte von dem Herrn, der große Eile hat, sitzt in der Pferdedroschke, es geht ihm zu langsam: »Mein Gott, Kutscher, können Sie denn wirklich nicht schneller vorwärts kommen?«

»Det schon, aber ick kann doch det Ferd nich jut alleene lassen.« Aber der richtige Berliner Witz geht gar nicht nur auf Kosten anderer Leute, sondern ebensogern auf Kosten des Witzbolds selbst. Das macht ihn so liebenswürdig und frei: Er macht auch vor dem eignen Dialekt nicht halt, es gibt viele hübsche Geschichten, welche das zeigen, z.B. kommt da ein Mann schon ein bißchen besoffen in die Kneipe und fragt: »Kricht man hier Rum?« »Ne«, sagt der Budiker, »hier setzt man sich.« Also nun die versprochenen Geschichten von Kindern. Drei Jungen kommen in eine Drogerie. Einer verlangt »forn Jroschen Lakritze«. Der Verkäufer schleppt eine lange Leiter heran, steigt auf die oberste Stufe, füllt die Tüte und klettert wieder herunter. Als der Kleine bezahlt hat, sagt der zweite: »Ick mechte ooch forn Jroschen Lakritze!« Nun wird der Verkäufer schon ärgerlich und fragt schon, bevor er von neuem die Leiter raufklettert, den dritten: »Willste ooch forn Jroschen Lakritze?« »Nee«, sagt der. Nun klettert der Verkäufer wieder rauf, kommt wieder mit der vollen Tüte runter. Und nun wendet er sich zum dritten: »Und wat willst du, Kleener?«

Da sagt der: »Ick möchte forn Sechser Lakritze.« – Oder: der Herr, der einen Jungen auf der Straße trifft: »Was, du rauchst schon, na warte, das sag ich deinem Lehrer.« »Wat denn, du oller Dussel, ick jeh ja noch jar nich zur Schule.« – Oder: da ist ein Junge in der Quinta, der kann es sich nicht abgewöhnen, »Du« zum Lehrer zu sagen. Der Lehrer heißt Ackermann. Er hört sich das eine Weile mit an, schließlich wird er wütend und sagt: »Du schreibst mir zu morgen hundertmal in dein Heft: ›Ich soll zu meinem Lehrer nicht Du sagen.‹« Am andern Tag kommt der Junge, gibt dem Lehrer das Heft ab, wirklich, hundertmal hat er aufgeschrieben: »Ich soll zu meinem Lehrer nicht Du sagen«, fast das halbe Heft voll. Der Lehrer zählt nach, es stimmt.

»Wat«, sagt der Kleine, der neben ihm steht, »wat, Ackermann, da staunste!«

Ein andermal, wenn ihr wollt, kommt noch mehr Berlinisch. Aber ihr habt gar nicht nötig, darauf zu warten. Wer von euch die Augen und Ohren aufmacht, wenn er durch Berlin geht, kann viel mehr schöne Geschichten zusammenbringen, als er heute im Radio gehört hat.

Straßenhandel und Markt in Alt- und in Neuberlin

Kennt ihr das Märchen vom Goldnen Topf, erinnert ihr euch an das seltsame Äpfelweib, dem der Student Anselmus da am Anfang begegnet? Oder kennt ihr Hauffs Märchen »Zwerg Nase«, das mit einem Markt beginnt, auf dem die Hexe mit spinnedürren Fingern die Waren betastet, um das Beste für sich nach Hause zu nehmen? Ist es euch nicht selbst schon, wenn ihr mit der Mutter den Markt betratet, spannend und festlich vorgekommen? Denn noch im einfachsten Wochenmarkt steckt etwas vom Zauber der orientalischen Märkte, der Bazare von Samarkand. Oder habt ihr den neuen Film gesehn, wo einer den Markt am Wittenbergplatz aufgenommen hat, und es ist spannender geworden als mancher Detektivfilm? Eins aber geht in den Film natürlich nicht hinein, und auch Bücher handeln davon nur selten: das Marktgespräch nämlich, das eigentliche Verhandeln und Handeln, all dies Hin und Her um Ware und Geld, das auf seine Weise ebenso saftvoll und üppig ist wie das Bild, das der Markt für die Augen bietet. Ganz besonders gilt das für den Berliner Markt. Vor mehreren Monaten sprach ich euch hier vom Dialekt von Berlin. Der Markt und der Straßenhandel überhaupt ist nun eine der Stellen, an denen sich das Berlinische am besten erlauschen, in seiner Entwicklung, Bewegung erfassen läßt. Vom alten und neuen Berliner Straßenhandel will ich euch heute erzählen.

Die Marktweiber waren schon im alten Berlin etwas ganz Besonderes. Sie hatten eben, als einzige unter allen Händlerinnen, Erlaubnis, ihre Ware auf dem Wochenmarkt auszubieten, und werden meist Bauernfrauen gewesen sein, die Erzeugnisse aus der eigenen Wirtschaft feilboten. Ganz anders die sogenannten Hökerfrauen. Sie durften keine besseren Waren führen und mußten obendrein als Entgelt für ihre Handelserlaubnis im Monat vier Pfund Wolle fürs Lagerhaus spinnen. Da ihnen auch das Einkaufen außerordentlich beschränkt war – sie durften nicht von den Bauern aufkaufen, sondern nur an Markttagen zu später Stunde die Reste an sich bringen – so machten die Hökerinnen elende Geschäfte und schlugen sich mit ihrer Familie notdürftig durch. Das war schon im 18. Jahrhundert so. Und wollte damals eine Frau aus niederem Stand zum Familienunterhalt beitragen, wie so viele Soldatenweiber, so blieb ihr manchmal gar nichts weiter übrig, als Hökerin zu werden. Für eine regelrechte Marktfrau gab es denn auch keine größere Beleidigung, als wenn man sie »Hökerin« nannte. Glassbrenner hat in einer von seinen besten Szenen so eine Marktfrau und ihre weltberühmte Berliner Schnauze geschildert und was ihr alles einfällt, um einem Kunden, der sie grad eben »Hökerin« geschimpft hat, heimzuleuchten. »Hökerin?« wiederholt sie, steht auf und stemmt den Arm in die Seite: »Hörn Se mal, Sie olle Bulldogge, nu blaffen Se mal nen Ogenblick vor ne andre Tiere oder ick tret Ihnen uffn Fuß, det Se acht Tage lang winseln sollen.« – Der Herr sagt: »Nein, das ist doch merkwürdig, was diese Hökerinnen schimpfen können.« – Hökerin: »Schimpfen? – Son dämlicher Lulatsch wie er is, dem kann man ja gar nich schimpfen, der is ja schon allens doppelt und dreifach jewesen, wat man Niederträchtjes von ihm sagen kann. Son Schatten von Mannsperson will Leute zum besten haben. Er ausjehungerter Federfuchser, er will die Leute hier schikanieren? Die Leute will er hier schikanieren? Soll er sich doch lieber an nen Jaljen hängen, damit kein anständijer Mensch mehr an ihm ein Verbrechen bejeht. Soll er sich doch lieber zusammenknautschen und zum Lumpenmann jehn und sich forn viertel Pfund Lumpen verkoofen. Nehm er sich doch Kiessand und scheuer sich reene, damit nuscht mehr von ihm übrig bleibt. Häng er sich an nen Mond, damit die Lüderjahns früh zu Hause jehn! Und nehm er sich ja in acht, det er die Kurrendejungens nicht zu nah kommt, sonst singen die: Jott bewahre mir in Jnaden.« – Es war ein richtiger Sport geworden, die Marktweiber zum Schimpfen zu reizen. Man sieht ja hier, daß es sich lohnte. Richtig von Herzen und mit Ausdauer schimpfen können, ist eben ein großes Talent. Das kann nicht jeder, der es gern möchte. Dazu gehört nicht nur viel Grobheit und eine gesunde Lunge, sondern ein großer Wortschatz und nicht zuletzt Geist. Daß man den Budenbesitzerinnen und Marktweibern von Berlin den gern zuspricht, davon zeugt manche hübsche Geschichte. Zum Beispiel diese, in der erzählt wird, wie eine Obstverkäuferin auf dem Totenbett liegt, und das Sterben wird ihr sehr schwer. Ihr Mann steht daneben, weiß nicht recht, was er sagen soll, und versucht, sie zu trösten: »Gräme dir nich darüber, det du sterben mußt; det find sich allens, det wird allens schon jehn! Seh mal, eenmal müssen wir ja alle in unserm Leben sterben!« – »Schafskopp«, lispelt die arme Frau, »det is es ja eben! Wenn man zehnmal oder zwölfmal sterben müßte, denn würd ick mir aus det eine Mal jar nischt machen.« Das große Berliner Schlagwort »Bange machen gilt nicht« ist auch für diesen Typus der Wahlspruch gewesen. Besonders läßt sich der Berliner bekanntlich von Bildung nicht imponieren. Oder wenn er es tut, dann läßt er sich's doch nicht merken. Wir haben ein schönes Berliner Bild aus der Mitte des vorigen Jahrhunderts. Damals gab es ja noch kaum Witzblätter. Dafür waren in den Buch- und Papierhandlungen einzelne Bilder mit Unterschriften zu kaufen, die oft von großen Künstlern, von Hosemann, Franz Krüger, Dörbeck und andern gemacht waren, häufig in Tuschfarben. Also von einem dieser Bilder spreche ich hier. Da sieht man in der Nähe des Brandenburger Tores eine di-

Markt auf dem Friedrich-Karl-Platz, um 1900.

cke Obstfrau vor ihren Körben sitzen, und neben ihr stehen ein besserer Herr nebst Begleitung, Fremde, wie man ihnen ansieht, die sich in Berlin nicht auskennen. »Liebste Frau«, sagt der Herr und zeigt auf die Victoria auf dem Brandenburger Tor, »können Sie mir nicht sagen, was das da oben auf dem Tor für eine Puppe ist?« – Antwort: »Ja nu, wat wird det sind. Alte römische Geschichte, Kurfürsten von Brandenburj, siebenjährijer Kriej, det is et!« – »Ach so«, sagt der Herr, »na ich danke auch sehr.«

Ich möchte nicht behaupten, daß dieser Berliner Typ heute ausgestorben ist. Nur sind die Klassenunterschiede schärfer geworden, das Volk bleibt mehr unter sich, es ist heute nicht mehr so leicht, als Kunde im Rummel der Markttage diesen Leuten näher zu kommen. Darum ist auch für so klassisch schöne Schimpfereien, wie Glassbrenner sie uns überliefert hat, keine Zeit mehr. Die heutigen Marktfrauen sind mehr Geschäftsfrauen geworden, und die Fleischer, die auf den Markt kommen, haben ihre Vorratskammern in den großen Kühlhallen, wo sie vor Beginn des Marktes aufladen und nach dem Markt wieder abladen. Dafür haben wir ein andres Schauspiel, das es als Augenweide gewiß mit dem Ohrenschmaus des alten Berliner Wochenmarktes aufnehmen kann: die Markthallen. Für mich war es, wie ich klein war, ein großes Fest, in die Markthalle am Magdeburger Platz mitgenommen zu werden, wo es im Winter so warm und an heißen Tagen so kühl war. Alles ist da anders wie auf Wochenmärkten im Freien. Zunächst die riesigen Haufen von Ware der gleichen Art, die hier in den Ständen scharf aneinandergrenzen. Vor allem aber der Geruch, der sich im geschlossenen Raum aus Fischen, Käse, Blumen, rohem Fleisch und Früchten ganz anders als unter freiem Himmel mischt, und der in seinem Unentschiedenen und Schummrigen so gut zu dem Licht paßt, das durch die trüben, in Blei gefaßten Scheiben hereindringt. Nicht zu vergessen den Steinboden, der immer in Abwässern oder Spülicht gebadet daliegt, und über den man wie über schlüpfrigen, kalten Meerboden hinspaziert. Weil ich, seitdem ich klein war, kaum je in einer Markthalle wieder gewesen bin, darum hat ein Besuch in ihnen für mich den ganzen Reiz von früher behalten. Und wenn ich mir ein besonderes Fest machen will, dann gehe ich nachmittags zwischen vier und fünf manchmal in der Markthalle an der Lindenstraße spazieren. Vielleicht begegne ich da mal einem von euch. Aber wir werden uns nicht erkennen. Das ist die Schattenseite vom Rundfunk.

Manche Art Handel ist nun freilich ganz und gar aus den Straßen Berlins verschwunden. So die Sandwagen, die bis ungefähr 1900 vor jedem Hause und auf jedem Hof ihr: »Sand, weeßen Sand!« ausriefen. Sie kamen aus den Rehbergen im Norden, vom Kreuzberg aus dem Süden und aus allen andern Richtungen mit dem weißen Sand, den die Hausfrauen einst zum Bestreuen der weißgescheuerten Dielen brauchten. Oder die Bücklingswagen. Oder die Kolporteure, Hunderte von ärmlichen Existenzen, die mit Schundromanen mit bunten Bildern oder am häufigsten vielleicht mit Noten und Liedertexten gehandelt haben. Vor der Entwicklung des Reklamewesens war ja der Buchhandel, wenn er seine Erzeugnisse bis ins Volk herunter vertreiben wollte, auf Kolporteure angewiesen. Man möchte sich gern den vollkommnen Bücherreisenden dieser Zeit und dieser Volksschichten vorstellen, den Mann, der es verstand, Geister- und Rittergeschichten in die Dienstbotenkammern der Städte und die Bauernstuben der Dörfer zu bringen. Er mußte selber ein wenig in die Geschichten hineinpassen, die er absetzte. Nicht als Held natürlich, nicht als junger, verstoßner Prinz oder fahrender Ritter, wohl aber als der zweideutige Greis, der Warner oder Verführer, der in so vielen dieser Geschichten auftritt. Die Blätter, die er damals für wenige Pfennige verkaufte, und besonders die sogenannten Neuruppiner Bilderbogen von Gustav Kühn sind heute sehr selten und gesuchte Kostbarkeiten geworden.

Kolporteure also gibt es wenigstens in Berlin heute so gut wie gar nicht mehr. Dafür gibt es aber die Bücherwagen. Der Bücherverkäufer von der Berliner Straße ist der einzige Buchhändler, den man heute noch bei der Lektüre seiner eigenen Bücher antreffen kann. Oft sitzt so ein Mann auf der schmalen Steinrampe eines Gartens oder auf einem Feldstühlchen, das er mitgebracht hat, und läßt sich durch die Leute, die seinen Wagen beschnuppern, nicht stören. Denn er weiß, daß unter zehnen vielleicht noch nicht einer ist, der da ernstliche Absichten hat. Überhaupt, wäre er auf die angewiesen, die mit ernsthaften Absichten kommen, dann wäre es hoffnungslos. Aber der Trick der Bücherwagen ist eben: hier kaufen Leute Bücher, die eigentlich morgens, als sie von Hause fortgingen, nicht im Traum dran gedacht haben. Gelegenheitsleser, Gelegenheitsliebhaber. Nur in der Inflation war es anders. Wer da noch einen Pfennig für Bücher ausgeben konnte, der fand auf den Bücherwagen Kostbarkeiten zum hundertsten oder tausendsten Teil ihres Werts. Denn zu der Geldentwertung kam die Ahnungslosigkeit dieser meist nicht sehr beschlagenen Verkäufer hinzu, und die Sammler haben davon Gebrauch gemacht.

Der Mann am Bücherwagen ist schweigsam. Aber er ist eine Ausnahme; denn im allgemeinen ist der Berliner Straßenhandel die hohe Schule der Berliner Schnauze, die eigentliche Berliner Rednerakademie. Ich werde euch jetzt zum Schluß so eine echte Berliner Meisterschaftsrede halten, wie man sie allerdings nicht grade täglich auf der Straße zu hören bekommt. Das werdet ihr selbst schon bemerkt haben, daß so ein Redner, um in Schwung zu kommen, sich gewissermaßen selbst aufzieht, daß er, schon

Markt auf dem Friedrich-Karl-Platz, um 1900.

ehe noch irgendwer achtgibt oder zuhört, vor seinem »Universellen Fleckenreiniger«, seinem Selbstbinder, seinem Kristallpalastkitt sich aufstellt und mit Todesverachtung in die leere Luft hinein eine Ansprache hält, sie womöglich mit Gebärden begleitet, bis eben irgend jemand anbeißt. Anbeißt, das heißt hier aber nicht: kauft. Der Kauf ist im Straßenhandel nur das letzte Glied einer Kette. Das erste ist jedenfalls die Begeisterung des Redners, das zweite aber, daß Zuhörer und Zuschauer sich einfinden müssen, je mehr desto besser. Der Straßenhändler steht in der Mitte. Er hat seine Rede auswendig gelernt, wiederholt sie immer von neuem. Das wissen seine Hörer so gut wie er. Und für sie ist eben das Interessante, wie er sich trotzdem mit Abschweifungen, Variationen etc. aus der Affäre zieht, oder wie er dann wieder manche wichtigen Stellen jedesmal in genau der gleichen Betonung und mit der Präzision eines Grammophons herausbringt. Ist dann endlich einer der Umstehenden mürbe und kauft etwas, so muß er vortreten und steht mit dem Verkäufer im Mittelpunkt eines Kreises, wie zwei Schauspieler in der Mitte einer Arena stehen. Und diese Attraktion, etwas aufzuführen, eine Rolle zu spielen, gesehn zu werden, ist ein Hauptanreiz zum Kaufen. Hier also unser Mann mit dem Wäscheschoner: »Meine Herrschaften! Glauben Sie nicht, daß ich Ihnen hier etwas aufschwatzen will, was noch nicht erprobt ist. Sämtliche Kapazitäten des Fachs haben diesen Wäscheschoner untersucht und begutachtet. Wenn Sie sie sehen wollen – wenn Se näher treten wollen! Dieser Wäscheschoner ist das denkbar Praktischste, was Sie sich auf diesem Gebiet leisten können. So einfach – und elegant! Zugleich aber auch sparsam! In dieser Zeit, wo wir alle, wie wir da stehn, das Geld zweimal herumdrehn, eh' wir's ausgeben, und wo doch jeder sauber aussehen muß, der Karriere machen will – in dieser Zeit ist dieser Wäscheschoner der Rettungsengel für die ganze Welt. – Ja meine Herrschaften – Se lachen. Eines Tages werden Se einsehn, det ick nich zuviel jesacht habe.« Inzwischen hat sich schon ein dichter Kreis von 20 bis 30 Personen um den Händler angesammelt. Nun nimmt er seinen Wäscheschoner und erläutert ihn: »Sehn Sie, meine Herrschaften, Sie nehmen den weichen Stehumlegekragen, schlagen ihn auf, legen den steifen Wäscheschoner hinein – schlagen ihn zu – binden den Kragen um – und wie sitzt er nun? Straff und elegant! – Straff und elegant! Und auch die Krawatte sitzt nun besser. Und wenn sonst der Kragen schon nach wenigen Stunden unsauber aussah – jetzt können Sie ihn acht Tage tragen. Und immer ist er noch straff und elegant! Wer einen solchen Wäscheschoner trägt, wird stets alle Mitbewerber aus dem Felde schlagen, wenn er sich um eine

Stelle bewirbt. Denn wie wird der Chef von ihm sagen: Ja, der Mann ist straff und elegant!« –

Wenn man so einer Rede zuhört, braucht man dem alten Berlin nicht nachzutrauern. Es steckt noch im neuen und ist so unverwüstlich wie unserm Redner sein Wäscheschoner.

Die Mietskaserne

Wie das mit Berlin zusammenhängt, wovon ich heute erzähle, das brauche ich euch nicht zu erklären. Und die Mietskaserne, die, fürchte ich, brauche ich euch auch nicht zu beschreiben. Die kennt ihr ja alle. Und die meisten kennen sie auch von innen. Von innen, damit meine ich nicht einfach die Wohnungen und Stuben, sondern ich meine die Höfe, die drei, vier, fünf, ja sechs Hinterhöfe, die die Berliner Mietskasernen haben. Berlin ist die größte Mietskasernenstadt der Erde. Und wie es das langsam zu unserm Unglück in Jahrhunderten geworden ist – das werde ich euch heute zu erklären versuchen. Macht die Ohren auf, ihr könnt jetzt hören, was ihr so leicht nicht im deutschen Unterricht und nicht in der Erdkunde und nicht in der Staatsbürgerkunde zu hören bekommt und das für euch doch einmal wichtig sein kann. Denn ihr sollt alle verstehen, worum es sich bei dem großen Kampf gegen die Mietskaserne handelt, den Groß-Berlin seit dem Jahre 1925 zu führen begonnen hat.

Man sagt immer, die Berliner wären so kritisch. Das stimmt schon. Sie sind schlagfertig, sie lassen sich nicht leicht etwas vormachen, sie sind helle. Aber was die Häuser und was die Wohnungen angeht, in denen sie leben, da muß man schon sagen, daß sie jahrhundertelang auf jeden Leim gekrochen sind. Und wenn sie anfangs sich auf die Obrigkeit, auf den absoluten König herausreden konnten, der befahl, so und so muß gebaut werden, so ist es später, als sie die Selbstverwaltung ihrer Stadt hatten, kein bißchen besser sondern schlimmer geworden. Und vielleicht haben sie manchmal nur darum so viel Spielraum für ihren kritischen Witz und Verstand gehabt, weil sie allzuselten daran gedacht haben, in der Praxis ihn anzuwenden. Und was das Schlimmste ist, während man sonst die Berliner im Reich doch ziemlich kritisch betrachtet und längst nicht alles für mustergültig hält, was es da gibt – ihre Mietskasernen, die haben sie den Berlinern in ganz Deutschland nachgebaut.

Mietskaserne – das klingt so militärisch. Und das Wort ist nicht etwa nur aus dem Militärwesen übertragen, sondern die Entstehung der Mietskaserne hängt wirklich mit dem Militärwesen eng zusammen. Berlin ist seit den Hohenzollern immer eine Militärstadt gewesen, und es hat Zeiten gegeben, in denen das Militär, d. h. die Soldaten mit ihren Familien, bis zu einem Drittel der ganzen Stadtbevölkerung ausmachten. Solange das preußische Heer noch nicht so groß war, brachte man die Soldaten mit ihren Familien bei den Bürgern unter. Als ich euch vor 14 Tagen etwas aus der Baugeschichte Berlins unter Friedrich Wilhelm I. erzählt habe, da habt ihr ja gehört, wie jeder Bürger verpflichtet war, so und soviel Soldaten je nach der Größe seines Hauses oder seiner Wohnung sich in Quartier legen zu lassen. Das ging unter Friedrich Wilhelm I. noch an. Es war zwar für die Bürger sehr drückend, aber das Heer war noch klein, und es wurde soviel gebaut, daß von einer Wohnungsnot keine Rede sein konnte. Als Friedrich Wilhelm I. starb, hatte Berlin eine Besatzung von ungefähr 19 000 Mann. Als aber Friedrich der Große 1786 starb, da gab es in Berlin schon 36 000 Mann Besatzung. Diese Truppenmasse war auf die alte Art und Weise nicht mehr unterzubringen, und deshalb baute Friedrich der Große eine ganze Anzahl Kasernen, allein acht Stück in den letzten vier Jahren seiner Regierungszeit. In diesen Kasernen wohnten aber nicht etwa nur die Soldaten, sondern auch deren Familien. Uns kommt das sehr komisch vor, daß Soldaten mit Frauen und Kindern in Kasernen untergebracht werden sollen. Die Gründe dafür sind aber gar nicht komisch gewesen. Sie bestanden ganz einfach in der furchtbaren Grausamkeit der preußischen Heereszucht, die machte, daß viele bei der ersten besten Gelegenheit desertierten. Wenn man sie nun alle Abende oder auch nur ein paar mal die Woche zu ihren Familien hätte nach Hause gehen lassen, so hätte dann möglicherweise am andern Morgen die Hälfte gefehlt. Darum hielt man sie mit ihren Familien in den Kasernen, die sie nur selten mit einem Erlaubnisschein verlassen durften. Diese Abhilfe der Wohnungsnot durch Kasernierung führte Friedrich der Große dann auch für die Berliner Zivilbevölkerung ein. Statt nämlich, wie sein Vater, die Hauptstadt in waagerechter Richtung zu vergrößern, erweiterte er sie senkrecht nach oben in die Luft statt in die Ebene. Er nahm sich dabei Paris zum Vorbild. Das war aber unberechtigt. Paris war eine Festung, die Stadt konnte sich über die Zone der Forts und Bastionen nicht ausdehnen, und da sie als größte Europas damals schon 150 000 Einwohner hatte, konnten sich die Pariser nicht anders helfen als durch den Bau vielstöckiger Gebäude. Berlin war aber unter Friedrich dem Großen ebensowenig eine Festung wie jetzt. Man hätte also ruhig weiter die Stadt in der Ebene sich ausdehnen lassen können. Als damals dem Kaiser von China zum ersten Mal Bilder mit Häusern in so ungewöhnlicher Höhe gezeigt wurden, sagte er ganz verächtlich: »Europa muß ein sehr kleines Land sein, daß die Menschen dort nicht genug Platz haben, auf der Erde zu wohnen, sondern in der Luft wohnen müssen.« Für die Gesundheit der Berliner wäre es natürlich viel besser gewesen, bei der alten Bauweise zu bleiben, anstatt, wie es damals geschah, möglichst viel Menschen in möglichst hohe Häuser zu pferchen. Noch viel folgenschwerer als der gesundheitliche Schaden war aber bei dieser Bauart der wirtschaftliche. Man kümmerte sich seit Friedrich dem Großen nicht mehr darum, an den damaligen Stadtgrenzen neues billiges Bauland zu erschließen, sondern begann wieder, auf dem alten bebauten Terrain

Hinterhof in der Krögelstraße, um 1900.

hohe Häuser, Mietskasernen, statt der früheren ein- oder zweistöckigen Einfamilienhäuser zu bauen. Weil nun diese Mietskasernen durch die vielen Parteien, die darin wohnten, dem Besitzer viel mehr einbrachten als die früheren kleinen Häuser, wurde der Grund und Boden, auf dem sie standen, immer teurer. Das beeinflußte sehr bald natürlich auch die Preise für unbebaute Terrains, die es ja noch massenhaft in der Stadt gab. Wenn so ein Bauplatz verkauft wurde, so verlangten die Besitzer Preise dafür, die der Käufer nur dann zahlen konnte, wenn er nach dem Muster der Mietskasernen viele übereinandergeschichtete Wohnungen baute, damit durch die Mieten die hohen Bodenpreise verzinst würden. In einer Beschreibung Berlins aus dem Todesjahr Friedrichs des Großen sieht man, wie böse es damals schon aussah. Aber natürlich durchschaute man in diesen Zeiten die Folgen und die Schädlichkeit dieser Bauweise nur in den seltensten Fällen, so daß der Mann, von dem diese Beschreibung stammt, der Schriftsteller Nicolai, ein geborener Berliner, ganz stolz darauf ist, daß fast die Hälfte der Häuser ansehnliche Seiten- und Hinterhäuser haben, welche in manchen Gegenden der Stadt beinah stärker bewohnt sind als die Vorderhäuser. Es gibt Häuser, in denen gegen 16 Familien wohnen. Sehr wenige Städte werden in noch nicht 6500 Häusern 145 000 Einwohner haben. Das macht einen Durchschnitt von 22 Bewohnern pro Haus. Wie harmlos kommt uns das heute vor, wo wir in Berlin Häuser haben, in denen weit über 500 Menschen wohnen. Hundertzwanzig Jahre nach Nicolais Bericht gab es ein Haus, in der Ackerstraße, in dem über 1000 Menschen gezählt wurden. Es ist die Nr. 132. Ihr könnt es euch ansehen. Wenn man von außen in die Flucht der Höfe hineinschaut, ist es als wenn man in einen Tunnel sähe. Als Nicolai seine Beschreibung von Berlin machte, war die Industrialisierung der Stadt ja erst in den allerbescheidensten

Anfängen. Das wirkliche Unglück ist viel später eingetreten, als alle Versuche des Freiherrn vom Stein, den Berlinern durch die preußische Städteordnung zu helfen, fehlgeschlagen waren und im Jahre 1858 der schreckliche Bebauungsplan von Berlin gemacht wurde, mit dem die Mietskaserne zur Herrschaft kam. Diesen Bebauungsplan müssen wir uns ansehen, um das heutige Berlin zu verstehen. Nach ihm hatte die durchschnittliche Mietskaserne drei Höfe. Jeder dieser Höfe brauchte – es klingt ganz unvorstellbar, aber so ist es nur etwas über 5 qm groß zu sein. So ging die Mietskaserne mit einer Straßenfront von 20 Metern 56 Meter in die Tiefe. Wenn ein solches Haus seine üblichen sieben Stockwerke, das Beigeschoß nämlich eingerechnet, besaß, dann konnten darinnen bis zu 650 Menschen hineingestopft werden. Jeder Mensch muß sich wundern, wie so schlechte und schädliche Verordnungen möglich waren. Und wirklich, die Gründe dafür sind ebenso verschachtelt und ungesund wie die Häuser, zu denen sie geführt haben. Der Ausgangspunkt war ganz harmlos. Es sollte endlich mit einem großen Bebauungsplan für ganz Berlin auf viele Jahrzehnte hinaus ernst gemacht werden. Der Plan wurde im Polizeipräsidium ausgearbeitet. Dabei ergab sich nun, daß viele von den geplanten Straßen über Gelände gingen, die in der Hand privater Besitzer waren. Diese privaten Besitzer hätte der Staat, von dem der Bebauungsplan ausging, entschädigen müssen. Das hätte eine Menge Geld gekostet, um so mehr als es damals noch kein Gesetz gab, nach dem Grundstücke im öffentlichen Interesse gegen eine Entschädigung enteignet werden konnten. Wollte der Staat also seine Straßen bauen und doch kein Geld ausgeben, so mußte er versuchen, die Grundstücksbesitzer freundlich zu stimmen. Da haben nun in ihrer Bauernschlauheit ein paar Beamte sich gesagt: wir wollen den Leuten erlauben, ihre Grundstücke so zu bebauen, daß sie daraus an

Mieten viel mehr Geld herauskriegen können, als wenn sie ihre Bodenstückchen, die wir für unseren Straßenbau nötig haben, noch so teuer an uns verkaufen könnten. Dieser schlaue Gedanke hätte allein schon das größte Unglück gestiftet. Aber damit war es noch nicht genug. Der Plan nämlich war so, wie er später durchgeführt wurde, gar nicht gedacht. Er enthielt eigentlich nur die Hauptverkehrsstraßen und sollte durch eine große Anzahl von Nebenstraßen, die Luft und Licht gegeben hätten, ergänzt werden. Später aber überlegte man es sich anders, gedachte das Geld für die neuen Straßen zu sparen und bepackte nun diese massiven, nur ganz spärlich von Straßen durchschnittenen Baugründe mit den riesigen Mietskasernen. Am schlimmsten wurde es nach zwanzig Jahren, als 1871 mit dem Sieg über Frankreich die sogenannte Gründerzeit begann, in der man überall in Deutschland den Kopf verlor und ins Blaue hinein spekulierte. Damals ergriff der Größenwahn die Berliner Behörden. Man machte einen ungeheuren Bebauungsplan, der für Jahrhunderte gelten sollte, und bezog in ihn im Laufe der Jahre ein Terrain ein, auf dem nicht weniger als 21 Millionen Menschen hätten Platz finden können. Das wilde Spekulationsfieber, das Berlin in den Gründerjahren erschütterte und dann bekanntlich mit dem berühmten großen Krach von 1873 endete, war zum guten Teil eine Folge dieser aufgeblasenen Erweiterungspläne. Plötzlich sah man Äcker, die noch mit Getreide oder Kartoffeln bestellt waren, als Bauterrains vor sich liegen, und in wenigen Monaten hatte sich der märkische Sandboden für seine Besitzer in kalifornische Goldfelder verwandelt. Bauern, die zum Teil noch in der Leibeigenschaft geboren waren, wurden zu Anfang der siebziger Jahre über Nacht ohne die leiseste Anstrengung und ohne alles Verdienst zu reichen Leuten, manchmal zu Millionären. Daher entstand in den Gründerjahren der Ausdruck Millionenbauer.

Überall wurden Gesellschaften gegründet, Terrains gekauft, verschoben, aber fast nie bebaut. Nichts war den Leuten damals teuer und gut genug. Wo etwa gebaut wurde, kümmerte man sich überhaupt nur um zweierlei: erstens, daß möglichst viel Wohnungen unter ein Dach zusammengestapelt würden, und zweitens, daß die Sache von außen recht prächtig aussehe. Vor allen Dingen in den Vororten baute man von einem Ende der Gemeinde zum andern sogenannte Prachtstraßen, die dann ganz einfach im Sande oder in einer Nebenstraße verliefen. Auch die Villen, die dort errichtet wurden, waren dann meistens nur maskierte Mietskasernen mit Kellerwohnungen, mit engen Schlafkammern und verkrüppelten Wirtschaftsräumen. Dafür wurden dann die Wohnzimmer breit und pompös nach der Straße zu angelegt, ganz gleich, ob diese Straße auch etwa nach Norden ging und auf die Art niemals ein Sonnenstrahl in die Zimmer kam.

Bis zum Weltkrieg ist der Egoismus, die Kurzsichtigkeit und die Anmaßung, aus der die Mietskaserne, wie ihr nun gesehen habt, entstanden ist, fast überall in Berlin an der Tagesordnung gewesen. Daß sich aber seitdem die Dinge sehr verändert haben, das wißt ihr alle, wenn ihr euch an den Grenzen im Weichbild Berlins ein wenig umgetan habt. Und zwar nicht etwa nur in den vornehmen Villenvororten des Westens, in Dahlem oder in Lichterfelde, sondern genauso in Frohnau an der Stettiner Bahn oder in Rüdersdorf oder näher an Berlin in Britz oder Tempelhof. Besonders Tempelhof ist lehrreich für das, was seit der Revolution in Berlin sich gebessert hat. Ihr braucht nur die Häuser, die von 1912 bis 1914 dort auf dem alten Exerzierplatz errichtet sind, mit denen zu vergleichen, die heute in der Gartenstadt auf dem Tempelhofer Felde jedes in seinem kleinen Stück Grün liegen. Deutlicher als für den, der davorsteht, aber wird das vielleicht für einen, der auf Photos, die aus der Vogelperspektive aufgenommen sind, auf das Gelände gleichsam herunterschaut. Der sieht dann erst, wie verbissen, hart, finster und kriegerisch die Mietskaserne im Vergleich zu den friedlichen, freundschaftlich zueinander gesellten Häusern des Gartenfelds aussieht. Und er versteht, warum Adolf Behne, der sehr viel für dieses neue Berlin getan hat, die Mietskaserne die letzte Ritterburg nannte. Denn, sagt er, sie ist entstanden aus dem egoistischen, brutalen Kampf einzelner Bodenbesitzer um den Boden, der bei diesem Kampfe zerstückelt und zerfetzt wurde. Und darum hat sie auch die Form der wehrhaften und kriegerischen Burg in ihren rings ummauerten Höfen. Feindlich schließt sich Besitzer gegen Besitzer ab. Und so abgeschlossen wie diese Besitzer leben denn auch gewöhnlich die Bewohner in den Hunderten von Etagenwohnungen dieser Baublöcke. – Laßt euch einmal das Aprilheft des »Uhu« geben. Da seht ihr eine ganz neue Form von amerikanischen Wolkenkratzern abgebildet. Lange Wohnblöcke sozusagen, die man entweder auf der Schmalseite aufstellt, dann ragen sie in die Höhe, oder aber man legt sie auf die Breitseite, dann sind sie eine einzige lange Hausreihe. Ich denke mir so im stillen, daß das ein Aprilscherz des »Uhu« ist. Aber aus diesem Scherz könnt ihr deutlich sehen, auf welche Weise heute die Mietskaserne unterbunden wird. Nämlich durch Abschaffung des feierlichen, monumentalen steinernen Baus, der für Jahrhunderte unverrückbar und unveränderlich in sich am Platz steht. Anstelle des Steins tritt ein schmales Gerüst von Beton oder von Stahl, anstelle der kompakten, undurchdringlichen Wände treten riesige Glasplatten, anstelle der gleichförmigen vier Wände treten tief eingeschnittene, freiliegende Treppen, Plattformen, Dachgärten. Die immer zahlreicheren Menschen, die in solchen Häusern wohnen werden, werden allmählich durch sie verändert werden. Sie werden freier, weniger ängstlich, aber auch weniger kriegerisch sein. Sie werden sich für das zukünftige Bild einer Stadt mindestens so begeistern können, wie sich heute schon die Menschen für Luftschiffe, Autos oder Ozeandampfer begeistern. Und sie werden dann den Leuten dankbar sein, die den Befreiungskampf gegen die alte festungsartige, finstere Kasernenstadt geführt haben. Von denen ist für Berlin einer von den wichtigsten Werner Hegemann, der zugunsten dieses neuen Berlin die Geschichte des bisherigen geschrieben hat, welche »Das steinerne Berlin« heißt und aus der ihr und ich das gelernt haben, was wir nun von der Mietskaserne uns merken werden.

Borsig

Wir haben nun schon eine ganze Menge von Berlin erlebt; wir haben uns um Marktwesen und um Straßenhandel, um den Verkehr, um die alten Berliner Schulen, um das unheimliche Berlin vor hundert Jahren, um den Berliner Dialekt, sogar ein wenig um die Baugeschichte Berlins gekümmert, von unserer großen Spielzeugwanderung gar nicht zu reden, und dabei sind wir doch eigentlich um eine Hauptsache nur immer behutsam herumgestrichen: um das nämlich, wodurch Berlin schließlich so wichtig geworden ist, wodurch es mit der Zeit seine drei Millionen Einwohner sich zugelegt hat, unter denen auch wir sind, kurz und gut über das, dem wir's vielleicht selber verdanken, daß wir hier als Berliner miteinander Bekanntschaft machen. Das sind Großindustrie und Großhandel. Vom Handel werden wir heut noch nicht sprechen, aber eine Industrie oder vielmehr nur eine einzige Firma werde ich euch zeigen, in der ihr sogleich auf den tausendsten Teil von den drei Millionen Bewohnern Berlins trefft. Ja auf mehr: 3900 Mann ist die Belegschaft des Borsig-Werkes groß, von dem ich hier sprechen will, und 1000 Beamte dazu, da kommt ihr auf einen Betrieb, der in seinen guten Zeiten 5000 Mann beschäftigt.

Was ist Borsig? Viele von euch haben schon den Namen gehört. Unter denen werden die meisten auch wissen, daß Borsig eine Maschinenfabrik ist. Und wo die steht, das werden nun wieder viele von ihren Sonntagsausflügen wissen. Wenn man nämlich Berlin auf der Straße nach Oranienburg und Velten verläßt, kommt man über Tegel, wo es schon allerhand zu sehen gibt. Erstens mal, wenn ihr etwa mit der Schule mal einen Ausflug nach Tegel gemacht habt, hat euch der Lehrer bestimmt die Villa von der Familie Humboldt gezeigt. Ich meine die beiden Brüder

Wilhelm und Alexander von Humboldt, die auf den Pfeilern vor der Universität sitzen, als wenn sie noch immer nicht ausstudiert hätten oder am Ende Kolleg schwänzen. Der eine von diesen beiden Humboldts wird uns nachher, genau nach 17 Minuten, noch einmal vorkommen. Dann gibt es in Tegel das Zuchthaus, von dem man von außen mehr sieht als sonst von Zuchthäusern. Sehr viele Zellenfenster gehen nämlich nach der Straße. Ich denke aber, sie werden so hoch sein, daß die armen Eingesperrten nicht werden heraussehen können. Dann geht ihr noch ein paar Minuten auf der Straße nach Oranienburg, und ihr seid bei Borsig. Am Außentor empfängt eine Halle euch. Sie ist, wie alle übrigen Borsiggebäude, aus roten Ziegeln errichtet, und gleich in dieser Halle gibt es etwas, wovor ihr stutzt. Da habt ihr eine Reihe Ständer oder Stative, die sind über und über mit Nummern besät, neben jeder Nummer ein Name, unter jedem Namen ein kleiner Schlitz. In manchen stecken Karten. Diese Karten, die da hervorkucken, sagen, der und der, Nr. 698 oder Nr. 82 oder Nr. 1014 von der Belegschaft sind augenblicklich nicht im Betrieb. Denn jeder, der kommt, muß hier seine Karte aus seinem Fach nehmen, um sie an einer automatischen Stempeluhr in der Werkstatt beim Eintritt und dann, meist nach acht Stunden, wieder beim Fortgehen stempeln zu lassen. Nach der Stundenzahl, die auf dieser Kontrollkarte steht, wird er bezahlt.

Wenn ihr nun aber durch das Tor getreten seid, dann ist das erste, was euch auffällt, wahrscheinlich, wie schwer es ist, sich hier zurechtzufinden, wie fremd man sich hier fühlt, wie man gleich merkt, daß hier eigentlich jemand, der nicht zum Werk gehört, gar nichts zu suchen hat. Was soll man sich auch bei diesen mehr als zwanzig Hallen und Werkstätten, Schuppen und Schornsteinen denken, die unregelmäßig über ein großes Terrain verteilt, weniger durch Straßen als durch Schienen miteinander verbunden sind? Denn die Eisenbahn fährt hier gleich in das Werk hinein. An Ort und Stelle werden die Kessel, die Schiffsmaschinen, die Dampfturbinen, die Rohre, die chemischen Apparate und all die unzähligen andern Fabrikate verladen. Verladen werden sie aber nicht nur per Eisenbahn. Dieses große Gelände stößt an der anderen Seite, gegenüber vom Eingang, an den Tegeler See. Hier laufen die Kähne an, die dann langsam über Havel und Elbe die Maschinen verfrachten, die von überseeischen Kunden bei Borsig bestellt sind und in Hamburg verladen werden. Das zweite aber, was euch auffällt, ist ein Turmhaus. Zwölf Stock hoch, aus schönen, glasierten Ziegeln errichtet und damals, 1923, mit seinen 65 Metern das höchste Berlins. Übrigens ist es noch nicht ganz fertig, weil immer irgendetwas im Betrieb zu tun ist, wofür das Geld nötiger ist.

Vielleicht fragt man euch nun, wo ihr eintreten wollt. Ob vielleicht in eine Halle, wo grade Mammut-Pumpen, oder Härte-Apparate mit Rührwerk, oder Gruppenrohrkessel, oder Niederdruckläufe mit Überdruckverschaufelung gebaut werden. Da steht ihr natürlich mit offenem Mund da und seht, was das heißt: Deutsch können. Ihr könnt ruhig überzeugt sein, daß ihr mindestens drei Viertel der wichtigsten Worte, die hier jahraus, jahrein, von früh bis spät gebraucht werden, nie im Leben gehört habt, und daß ihr euch nicht das mindeste drunter vorstellen könnt, selbst wenn ihr von den einfachen ein paar kennen solltet und z.B. Bescheid wißt, was eine Drehbank ist oder eine Fräsmaschine. Andere Jungens allerdings, vielleicht selbst jüngere als ihr, wissen genau Bescheid. Mindestens die aus der Lehrlingsabteilung von Borsig. Da gibt es nämlich oben, im vierten Stock von einem dieser Fabrikhäuser – ich bin in einem Fahrstuhl hinaufgefahren, dem komisch zumute gewesen sein muß, weil er sonst nur Ketten, Maschinenteile und ähnliches zu befördern hat – eine Lehrlingsabteilung, wo fast 300 Lehrlinge, zum großen Teil Kinder von Männern, die in dem Werk schon länger beschäftigt sind, zu Arbeitern herausgebildet werden. Sie haben da 100 Werkzeugmaschinen für sich, an denen sie lernen. Die Firma ist auf diese Abteilung stolz, weil sie als eine der ersten begann, Lehrlinge nicht nur von Fall zu Fall einzustellen, wie der Betrieb es gerade verlangte, sondern sie von vornherein planmäßig auszubilden. Dazu hat sie neben der Lehrlingswerkstatt auch eine Werkschule mit Klassen, Lehrern, Kino und richtigem theoretischen Unterricht, den die Jungens vier Jahre mitmachen müssen.

Nun wollen wir uns aber nicht länger aufhalten lassen, weder durch die sonderbaren Maschinennamen noch durch manches, was ich gerne erzählen würde, sondern entschlossen in eine von diesen Hallen eintreten. Nehmen wir an, wir haben Glück, so werden bei Borsig grade Lokomotiven gebaut. Denen können wir dann in den verschiedensten Abteilungen begegnen. Wir wollen uns aber nur um die erste und letzte kümmern. Und wirklich haben wir Glück. Grade jetzt baut Borsig 70 Lokomotiven für Serbien auf Reparationskonto. Die erste Station ist die Kesselschmiede. Da treten wir also ein. Hier werden im Jahre ungefähr 600 Lokomotivkessel zusammengeschmiedet. Ein Lärm empfängt uns, als würden jetzt grade die 600 auf einmal zusammengeschmiedet. 40 bis 50 Menschen, nicht mehr, mögen in dieser Riesenhalle an der Arbeit sein. Und da sie über 100 Meter lang ist, verlieren sich natürlich die Einzelnen. Das ist gerade das Merkwürdige: der Lärm ist betäubend, aber Menschen sieht man nicht viele. Zuerst, solang es einem ungewohnt ist, kommt man nicht vorwärts, so vorsichtig bewegt man sich schrittweise. Denn nicht nur unter uns sind überall Schienen, sondern erst recht über uns, auf denen auf Rädern die großen Krane laufen, die die Lasten, Eisenwaren, Kesselstücke, Radhälften denn die großen Räder werden immer in Hälften fabriziert und danach zusammengeschweißt – von einem Ende der Halle zum anderen schleppen. Man weiß nie, ob nicht grade so ein zierliches Schmuckstück über einem hin- und herbaumelt. Genietet werden die Kessel mit sogenannten hydraulischen Nietmaschinen, das sind eine Art von Pumpen, deren Kolben unter riesigem Druck stehen. So eine Nietmaschine, die die Stücke unter einem Druck von 2000 Zentnern zusammennietet, wird von einem einzigen Menschen bedient. Dabei müßt ihr nicht denken, daß der Herstellungsprozeß bei Borsig damit anfängt. Nein, schon die einzelnen Stücke, aus denen diese Kessel zusammengeschmiedet werden, werden im eigenen Betrieb hergestellt. Das ist in einer anderen Halle, der sogenannten Hammerschmiede, wo zwölf Schmiedeöfen und 18 Dampfhämmer, sieben hydraulische Pressen und was noch sonst für Maschinen das Roheisen zu den gewünschten Formen verarbeiten. Die Eisenerze freilich, aus denen dieses Roheisen gewonnen wird, besitzt Borsig nicht selbst. Die kauft er in Deutschland oder aus Skandinavien. Von da ab aber bleibt nun alles bis zur fertigen Lokomotive im eigenen Betrieb. Dabei wird die Gewinnung des Roheisens aus den Erzen nicht hier, sondern in den Werken betrieben, die Borsig in Oberschlesien an der polnischen Grenze hat. Eine solche Anlage, wo alles vom Rohprodukt bis zur fertigen Ware von einer einzigen Firma hergestellt wird, nennt man vertikale Konzentration; auf deutsch eigentlich: senkrechte Zusammenfassung. Man stellt sich vor, das Eisen ist gewissermaßen am tiefsten, unter der Erde, und dann steigt der Erzeugungsvorgang immer höher, verfeinert sich immer mehr, bis er bei der fertigen Ware anlangt, hier also bei der Lokomotive. Ihr ahnt ja gar nicht, was für verschiedene Arten Lokomotiven es gibt, die alle dort fabriziert werden. Elektrische Lokomotiven, Lokomotiven für Kohlen-, aber auch für Holzfeuerung; für Brasilien zum Beispiel, wo der Brennstoff sehr teuer ist, so daß sie besonders sparsam arbeiten müssen, feuerlose Lokomotiven, die durch Heißdampf betrieben werden und die man für feuergefährliche Betriebe braucht oder für Schlachthöfe, wo es nicht rußen darf. All diese Dinge entstehen bei Borsig. Jeder Staat verlangt etwas anderes, jeder Auftraggeber hat seine besonderen Wünsche, denen manchmal mit unheimlicher Geschwindigkeit entsprochen werden muß. Als für die Untergrundbahn-Strecke Spittelmarkt-Alexanderplatz die Spree untertunnelt werden mußte, senkte sich der Kopf des fertigen Tunnelteiles. Es drang Wasser in den Tunnel, und der ganze Bau wurde schwer gefährdet. Morgens um zehn Uhr hatte die Bauleitung eine Besprechung mit Borsig. Borsig schlug vor, fünf Riesenpumpen aufzustellen, die pro Minute alle zusammen 125 Kubikmeter Wasser heben sollten. Nachmittags um drei Uhr ging die Bestellung auf Lieferung der vorgeschlagenen Pumpen in Tegel ein. Trotzdem alle Zeichnungen neu gemacht werden mußten, rollten abends um elf Uhr alle fünf Riesenpumpen fertig zum Tor hinaus. Am nächsten Morgen wurden sie in Betrieb gesetzt, und in zwei Stunden war die Baustrecke der U-Bahn gerettet.

Nun aber zurück zu unserer Lokomotive. Viele Stationen überspringen wir, um sie zuletzt in der Montagehalle wiederzufinden, wo sie aus ihren einzelnen Teilen zusammengesetzt und schließlich lackiert wird. Das Lackieren allein dauert gegen acht Tage. Als ich die Halle betrat, war grade Mittagspause. Es war also still. Die Arbeiter saßen auf dem Boden und packten ihr Frühstück aus. Es roch nach Lack. Vorn war die große Klappe, sozusagen das Bruststück der Lokomotive, geöffnet, und man konnte ins Innere hineinsehen. Zwischen den Geleisen, in denen sie stand, war ein tiefer Schacht, so daß man an ihrem Untergestell arbeiten konnte. Diese Lokomotivstände sind so gebaut wie die Schiffsdocks, an denen es ja auch das Wichtige ist, daß man von unten an die Schiffe heran kann. Solcher Lokomotivdocks gibt es 39 bei Borsig. Wenn nun diese Lokomotiven fertig geworden sind, dann werden sie von Borsigschen Leuten selber nach Serbien heruntergefahren. Aber das ist so nicht nur mit Lokomotiven, sondern mit den meisten großen Maschinen, seien es nun Dampfturbinen, Pumpen, Anlagen für die Veredelung von Öl oder ähnlichem, die bestellt werden. Solche Waren kann man den Auftraggebern nicht einfach zuschicken wie einen Kleiderschrank; die müssen an Ort und Stelle genau richtig eingepaßt und in Betrieb gesetzt werden. Für diese Aufgabe hat man eigene Arbeiter. Das sind die sogenannten Richtmeister, die durch ihren Beruf oft weit in der Welt herumkommen. Es kommt vor, daß solche Leute lange fortbleiben, wie zum Beispiel einer der Borsigschen Richtmeister 1925 nach Lahore in Indien abfuhr und zwei Jahre dort blieb, um eine bei seiner Firma hergestellte Rohrleitung in ein Kraftwerk einzubauen. Woher ich das weiß? Nun, es hat natürlich kein Mensch in so einem Werk Zeit, sich mit einem stundenlang hinzustellen und alles zu erzählen, wofür man sich interessiert. Da muß man sich schon selber ein bißchen umtun. Und da ich wußte, daß es bei Borsig, wie bei manchen anderen sehr großen Werken, eine Zeitung für die Werksangehörigen gibt, so habe ich darin ein bißchen geschnuppert. Da steht nicht nur die ganze Geschichte von Lahore drinnen, da findet man vor allem die neuesten technischen Erfindungen auf dem Gebiet des Maschinenbaus. Man findet auch Beiträge von Arbeitern drin, Ratschläge, manchmal sogar Beschwerden. Und vor allem in jeder Nummer ein Verzeichnis der Leute, die Verbesserungsvorschläge für irgendwelche Einzelheiten des Betriebes, die sie gerade besonders gut kennen, gemacht haben. Diese

Straßenbauarbeiten in der Dircksenstraße, um 1900.

Verbesserungsvorschläge werden im Büro geprüft und manchmal prämiiert.

Wenn ihr nun mit mir mitgekommen wärt, dann hättet ihr gleich am Anfang etwas gesehen, wovon ich euch nun erst zum Schluß erzähle. Im Vorhof nämlich stehen ganz zierlich im grünen Gras, auf einem kleinen Sockel von roten Ziegeln, beinah wie Denkmäler, zwei Borsigfabrikate, mit denen es eine besondere Bewandtnis hat. Das eine ist eine Maschine mit einem riesigen Schwungrad und das andere ein kleiner Dampfkessel. Sie gehören zu den ältesten Erzeugnissen der Fabrik. Der Kessel ist an die 50 Jahre in einem Betrieb gewesen. Dann hat Borsig für schweres Geld ihn zurückgekauft, um ihn hier, gewissermaßen als Andenken, aufzustellen. Man hält hier viel auf solche Zeugnisse aus vergangenen Zeiten, und wenn man bedenkt, daß Borsig in sieben Jahren sein 100. Jubiläum feiern wird, dann kann man das auch verstehen. Ein so hohes Alter ist bei einer Fabrik genausowenig Zufallssache wie bei einem Menschen. So wie ein Mensch, um alt zu werden, auf lange Sicht leben muß, nicht wegen jeder Kleinigkeit sich aufregen darf und nicht alles naschen, worauf er gerad' Lust hat, so muß auch ein großes Unternehmen, wenn es alt werden will, sehr besonnen, vorsichtig, gründlich arbeiten. Ich könnte euch nun genausoviel, wie ich euch von dem jetzigen Borsig erzählt habe, vom früheren erzählen. Wie nämlich aus der kleinen Lokomotivenfabrik, die 1841 die ersten deutschen Lokomotiven gebaut hat, dieses riesige Werk wurde. Vielleicht ein andermal, wenn ich von den Berliner Stadtteilen erzähle. Borsig, das war nämlich früher Moabit, nicht Tegel, wie denn die ganze Geschichte der Industrialisierung Berlins mit Moabit eng zusammenhängt. Heute ist aber Schluß, und nun schulde ich euch nur noch den Alexander von Humboldt, den ich euch vor 17 Minuten versprochen habe. Wie soll ich das nun noch schnell erzählen? Kurz und gut, der Mann, der Borsig gegründet hat, hat wahrscheinlich als Ausgleich gegen das schwere stumpfe Maschinenwesen, um das er sich früh bis spät kümmern mußte, Treibhäuser angelegt, die damals die berühmtesten von Berlin waren und in denen viele fremde, exotische Pflanzen zu sehen waren. Die hat der große Naturforscher, Alexander von Humboldt, dort studiert und bewundert. Er hat es auch noch erlebt, wie 1847 mit großer Feierlichkeit die Vollendung der hundertsten Lokomotive bei Borsig gefeiert wurde. Und weil das Borsig-Werk, so wie andere Menschen nach Jahren, nach fertigen Lokomotiven rechnet, so wollen auch wir mit einer Lokomotive schließen. Nämlich mit der zwölftausendsten. Die ist vor fünf Jahren als Einheitslokomotive und Vorbild für alle Lokomotiven der deutschen Reichsbahn bei Borsig gebaut worden.

Verstreute Texte

Walter Benjamins analytisch-bewunderndes Porträt des Berlinischen »Wat hier jelacht wird, det lache ick« erschien erstmals am 5. Mai 1929 in der Reihe »Berliner Beiträge« der »Frankfurter Zeitung«.

*

»Wat hier jelacht wird, det lache ick«

Wer sich kurz fassen will, muß die Dinge packen, wo sie am paradoxesten sind. Zumal wenn ihr Paradoxon auf der Hand liegt. Berlinisch – der Dialekt einer Großstadt, in der seit langem alle deutschen Stämme, seit kurzem alle europäischen Nationen einander treffen, sich vermischen und mit steigender Umdrehungsgeschwindigkeit aneinander sich abschleifen. Wie ist das Phänomen überhaupt möglich? Und müßte es nicht von Rechts wegen schon seit Jahrzehnten auf dem Aussterbeetat stehen? Selbstverständlich, wenn es auf räumlicher Isolierung, auf der Reinblütigkeit der Bevölkerung, kurz auf »regionalen Belangen« beruhte. Aber davon ist gar keine Rede. Von jeher ist der Berliner Dialekt – wie der der anderen Großstädte – viel weniger an das Lokal als an das Tempo des Daseins gebunden. Dies Tempo aber wird diktiert von der Arbeit. Schon in den Glaßbrennerschen Texten, den Hosemannschen Zeichnungen der Biedermeierzeit tauchen ganz bestimmte Berufstypen – der Schusterjunge, das Marktweib, der Budiker, der Straßenhändler – als Träger des Dialekts und des Dialektwitzes auf. Das Zille-Album von heute zeigt andere Typen; viele davon entstammen einem Lumpenproletariat, an dem gemessen Glaßbrenners Eckensteher Nante ein Grandseigneur ist. Sie sprechen ein Berlinisch, das viel aus der

Ganovensprache entlehnt hat und ihr vieles zurückgibt. Aber auch das ist die Sprache einer Berufsgemeinschaft. Für die Großstadt bleibt das Argot in seinen hundert einander überschneidenden Spielarten die eigentliche Pflanzschule des Dialekts. Das gibt von der unübersehbaren Mannigfaltigkeit seiner Ursprünge den rechten Begriff: Mannschaftsstube und Skattisch, Kaschemme und Schulklasse, Leihhaus und Sportpalast steuern das Ihre bei.

Das allein aber macht noch nicht die ganze, noch nicht die schärfste Paradoxie dieses Dialekts. Der ländliche kann einer gewissen Naivität, einer harmlosen Selbstverständlichkeit sich erfreuen. Zwar desavouiert ihn jeden Morgen die Zeitung; aber das will nicht viel sagen, denn hier decken sich die Grenzen von Schriftdeutsch und Hochdeutsch. Nicht so für den Berliner, der den Archipel seiner Muttersprache ununterbrochen von einer nicht nur papiernen Flut von Hochdeutsch umbrandet fühlt. Man kann von ihm in Dingen seiner Ausdrucksweise unmöglich die Unschuld eines niederdeutschen oder alemannischen Bauern erwarten. Sein Verhältnis zum eigenen Dialekt ist ein höchst gespanntes und reflektiertes. Mehr als eine und manche von den rühmlichsten Eigenarten des Berlinischen rührt daher. Am offenkundigsten freilich ein Ausfall. Es gibt nämlich, selbstverständlich, im berlinischen Schrifttum nichts, was neben den alemannischen Gedichten eines Hebel, den niederdeutschen eines Klaus Groth, der Prosa eines Gotthelf oder sogar Reuter sich zeigen könnte oder auch nur wollte. Der Berliner hielt mit seinen Spracheigentümlichkeiten bescheiden, um den Ruf seiner Bildung besorgt, zurück.

Müßte man wirklich erst die Psychologie eines Alfred Adler sich zu eigen machen, um die berühmte »Berliner Schnauze« als Überkompensierung eines Minderwertigkeitskomplexes zu

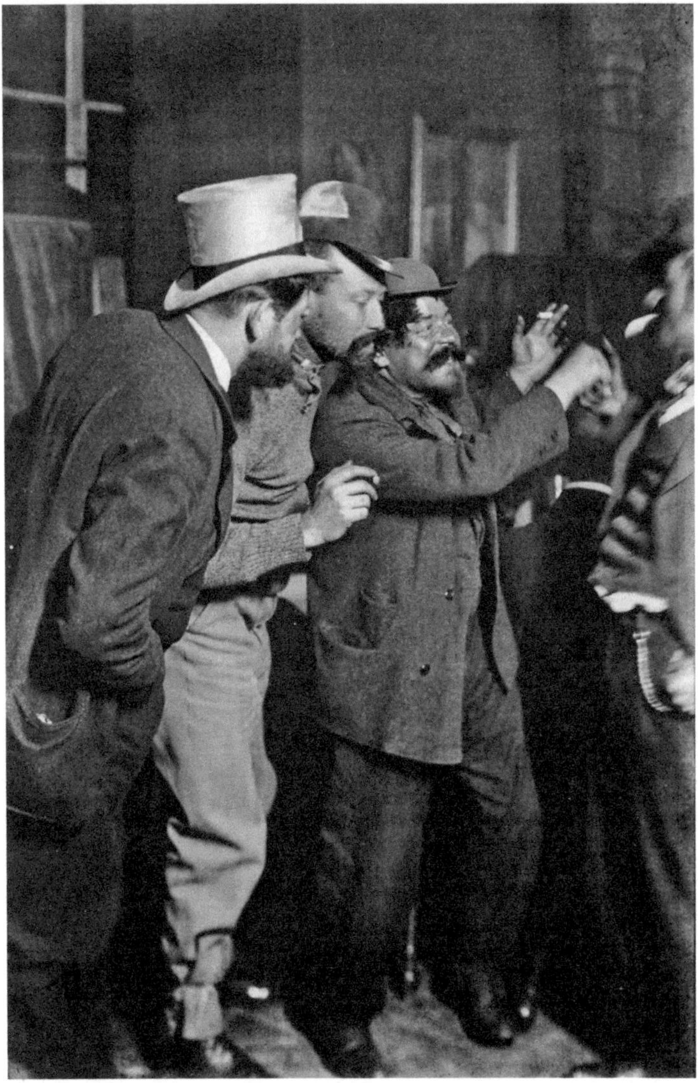

Atelierfest bei Walter Meyer-Lüben. Von links: Heinrich Zille, die Bildhauer Nikolaus Friedrich und August Heer, um 1900.

erkennen, als den Krakeel, der nur die innere Stimme übertönen soll? Wir wagen jedenfalls diese Deutung. Wir kennen den Berliner nicht anders als mit dem »Sinn fürs Höhere«, als dessen fernste verschwimmende Alpenspitze die »Idee« ihm vor Augen schwebt. Die »Idee«, von der der Berliner nur spricht, wenn er etwas ganz, ganz besonders Winziges meint. Kennen ihn nur mit dem eingeborenen Respekt für »jroße Männer« und mehr noch für deren Denkmal, bis eines Tages in irgendeiner seiner Explosionen der Volkswitz seine Emanzipation von ihm vollzieht. Und um nun auf den Dialekt zurückzukommen: Es ist bezeichnend, daß die erste Stimme, die den Berlinern über ihre Sprache zu Ohren kam, eine Strafpredigt war. 1781 veröffentlichte Karl Philipp Moritz seine Schrift »Über den märkischen Dialekt«, eine aufklärerische Kritik, die dem Berlinischen seine undurchschaubare Zwitterstellung zwischen dem Hoch- und Niederdeutschen zum Vorwurf machte. Daß schon damals das gute Sprachgewissen seiner Bürger erschüttert war, zeigt die Anekdote des Verfassers von der Gesellschaft, die »hier in Berlin, unter sich ausgemacht hatte, eine eigne Armenbüchse, zu dem Ende, zu halten, um für jeden Sprachfehler, den sie in der gesellschaftlichen Unterredung machen würden, einen Dreier in dieselbe zu erlegen; und was das auffallendste war, so fand man diese Armenbüchse, in wenigen Stunden, von Dreiern angefüllt. Ob nun die Anzahl dieser Personen vielleicht sehr groß, oder der Raum in der Armenbüchse sehr klein gewesen seyn mag, kann ich nicht so genau bestimmen.« Gerade in sprachlichen Dingen trat ja das »Höhere« dem Berliner sehr drastisch bei den Emigranten in Gestalt der französischen élégance vor Augen. Erbschaft von ihnen sind nicht nur die vielen französischen Wendungen oder Endungen – »nich in die la main«, »ete petete«, »mit 'nem avec«, »Bagage«, »Kledage« etc. –, sondern auch die »vornehme« Aussprache »Grammophong«, »Telephong«. Einem ähnlich skrupulösen, aber schlecht beratenen Sprachgewissen entstammt das r, das der Berliner – der es in betonten Silben bekanntlich verschleift – Fremdwörtern als Respektsbezeugung verleiht: »Karnallie« für »Canaille«, »Kartarr« für »Katarrh«.

Das Sprachgewissen des Berliners ist also bedeutend zarter besaitet, als man es seinem Ruf nach vermuten sollte. Und nicht das Sprachgewissen allein. Man lese doch Fontane, um zu erkennen, wie leicht die Rührung dem märkischen Menschen und wie sehr sie ihm aus der märkischen Landschaft kommt, in der der Windhauch in den Fichten das einzig Erschütternde ist. Wenn er auch sagt: »Es ist rührend, wenn man dran wackelt«, so wird's auf zehnmal neunmal sein, um eine echte Rührung zu verstecken. Ja wenn der Dialekt spezifischer ist als die Nationalsprache (wie der Wein spezifischer als die Rebe), wenn man nach seinem Aroma forschen dürfte, fände der Kenner die innigste Würze dieses Dialektes vielleicht in einer Durchdringung des Zartesten mit dem Rohen, wie einmal ein Freund sie in einer Wendung, bei der Beratung einiger dunkler Existenzen, erhaschte. Es ging darum, einen Dritten unschädlich zu machen: »Den lehn' wa an de Wand.«

Im Zentrum der Stadt hat vor einiger Zeit eine Maschinenfabrik ihre Niederlage eröffnet. Zur Feier des Tages war das Schaufenster ganz mit Blumen gefüllt, nur hie und da leuchteten hinter den Blütenblättern die polierten Kurbelwellen und Schwungräder auf. Es war ein sehr berlinisches Bild. Ganz neue stahlharte Sachlichkeit durch die Blume. So sagt der Berliner, wenn er einem die Faust weist: »Hast woll schon lange nich an det Knochenbukett jerochen.« Er sagt auch in genau derselben Verfassung: »Sonst sollste mit Verjißmeinich handeln.« Gerade seine nachdrücklichsten Drohungen kommen sachte heraus. Dieses »sachte« spielt eine große Rolle nicht nur im Sprachschatz, sondern vor allem als Zeitmaß der Sprachbewegung. Denn der Berliner spricht als Kenner und mit Liebe zu dem, wie er's sagt. Er kostet es aus. Wenn er schimpft, spottet und droht, will er dazu sich Zeit nehmen, genau wie zum Frühstück. »Alle Zähne wer'k dir ausschlagen. Aber een laß ick dir stehn fors Zahnweh.« Diesen Satz hörte ich, fast getragen, in einer Rempelei zwischen Straßenjungens. »Immer sachte« – das gibt das Zeitmaß des gemütlichsten Beisammenseins wie der drohendsten Auseinandersetzung.

Freilich, wenn's sein muß, kann der Berliner auch anders. Als der Expressionismus mit seiner geballten, gestuften und geteilten Sprache ins Land kam, ließ er sich nicht lumpen. Er zeigte den Literaten, »was ne Harke is«, und brachte die Wendung auf, der an Kürze und Sprachgewalt von Sternheim bis Becher nichts gleichkam. Sein großes: Bei mir. »Bei mir: Katze« (mies), – »Bei mir: Kaiser-Wilhelm-Gedächtniskirche« (Türme, d.h. »verdufte«), – »Bei mir: Schiefertafel« (Auf mir könn' se rechnen). Solche Wendungen hat man vielfach gesammelt und dem Berliner einen schlechten Dienst damit erwiesen. Denn immer ist der Sprachwitz Improvisation und Zeit und Umstände seines Entstehens geben auch dem scheinbar Gröbsten noch das unvergleichliche Aroma, ohne sie aber beginnt er bald schal und verweslich zu riechen. Danach mag man von dem Dunstkreis mancher berlinischer Dialektbücher sich einen Begriff machen. Immer wird der Geist dieser Sprache aus einem Wörterbuche viel reiner als aus jedweder Kollektion von Witzen hervorgehen. Aber freilich läßt ein Dialekt sich auch lexikalisch nicht ausschöpfen. Jedes wahre Studium führt auf seine Grammatik (s. dazu das Standardwerk: H. G. Meyer: Der Richtige Berliner in Wörtern und Redensarten. 9. Aufl.), und von da noch weiter auf Mimik und Physiognomik, auf die unübersetzbaren Gesten.

Kegeljungen, um 1900.

Im allgemeinen ist der Berliner sparsam mit weitausholenden Gebärden. Sie liegen seinem phlegmatisch-sanguinischen Typus nicht. Immerhin kennt er – vielleicht aus dem Boxsport – eine provozierende Ausfallsbewegung des Ellenbogens, die das Wort »Mensch knorke« begleitet oder ersetzt. Auch den Griff unters eigene Kinn zu der geheimnisvoll abschätzigen Wendung »So jung«. Oder den berühmten Fingerzeig an die Schläfe. Dieses Gebiet der Geste ist ein Grenzbezirk auch darum, weil das Unbestimmte, Mystifizierende, das jedem Dialekte hin und wieder eignet, hier leicht die Oberhand bekommt und dann am Ende den Ausdruck nicht nur unübersetzbar, sondern undeutbar macht. Wenn der Berliner mit einem vielsagenden Aufblick »von wejen« sagt, so liegt auch das im Grund schon jenseits der artikulierten Sprache.

Aber kommt denn am Ende die Betrachtung des Dialekts nicht irgendwie mit dem geläufigen Bilde zusammen, das »überall im Reiche« vom Berliner kursiert? Der selbstbewußte kesse Junge mit der großen Schnauze, der helle Bengel, dem immer noch die Lichter der Aufklärung aus den Augen kucken – ist das Fabel? Gottseidank nein. Es ist Wahrheit. Aber auch nur die halbe. Gewiß, was sich da breitbeinig aufbaut und fragt: »Stimmt's oder hab ick Recht?«, bei wem das Maul so groß geraten ist, daß sogar Substantive drin zu Adjektiven werden – »klasse Sache« sagt der Berliner im Sinne von »ganz was Feines« –, der wird schon »von hier« sein. »Kommt nicht in Frage« mag noch reichsdeutsche Geltung haben; »knif« aber, die firmierte Ablehnung aus seinen Anfangsbuchstaben, ist schon berlinisch. Soweit die Keßheit.

Nur daß der schnell mit diesen groben Begriffen ans Ende käme, der versuchte, mit ihnen den Zugang ins Innerste dieser Sprache sich zu erschließen, in ihre dichte, exzentrische Bilderwelt. Die Schnoddrigkeit, die Schnödigkeit des Berliners, sie sind nicht nur die Folgen eines gottlosen Rationalismus, sondern vor allem anderen Ausdruck einer wunderbar trainierten Beobachtungsgabe. Seine innerste Haltung dem Leben gegenüber ist kontemplativ. Er ist so sehr Philosoph, so wenig der abgebrühte, ausgekochte Großstädter, daß er eine geniale Kraft, sich zu wundern, sich bis heute bewahren konnte. Wenn André Gide einmal der pseudophilosophischen Maxime »nil admirari« die wahre »omne admirari« entgegenstellte, so hat er dem Berliner seine Devise geschrieben. Aber die beste Definition des Philosophen, des berlinischen nämlich, gab 1922 ein Kellner im Romanischen Café dem Gaste, der sich darüber wunderte, daß die Tasse Kaffee wieder einige Millionen teurer war als am Vortag, da doch der Dollar nicht gestiegen war. Dem gab dieser große Berliner

Kellner zur Antwort: »Wissen se nich, was die Devise ist, heute: Philosoph sein; nur nich denken; Philosoph sein.« Und damit meinte er doch wohl: Sich im stillen wundern. Vielleicht hat keine Sprache, kein Dialekt eine solche Fülle von Ausdrücken für dies stille Staunen wie dieser. Vom topographisch-archäologischen »Ick stehe wie die Kuh vorm neuen Tor« bis zu dem erschütternden »Da staunste Bauklötzer« durchmißt die Achse der Verwunderung alle Reiche der Natur – »Ick denkender Affe laust mir«, »Ick fall vom Stengel« – und wagt sich (sonst um keinen Preis) in den Himmel: »Mann Jottes!«.

Was ihn eigentlich die ganze Zeit wundert? Nun, vielleicht ist der Grund wirklich sein lästerlicher Rationalismus, vielleicht sind seine Anmutungen an die Verständigkeit des Weltlaufs so grotesk und exzentrisch, daß er sich wie ein Lebewesen von einer anderen Welt auf dieser vorkommt. »Au Mensch« kann manchmal so einen Ton haben, und gewiß hat ihn die Gebärde des Kutschers, der eines Tages mit den Worten »Mensch, du hast woll 'nen Vogel« sein Pferd an die Stirn tippt. Zahllose Redewendungen gibt es, in denen der Berliner so auf Gulliverische Art sein Liliput von Wirklichkeit aus den Angeln hebt. Und die besten sind noch nicht einmal Redewendungen, sondern Zufallsbildungen, die nur das Glück erhascht. Ich denke an den Chauffeur, den eine Panne zwang, unter den Wagen zu kriechen. Ein Auflauf. Unter den Vordersten beginnen ein paar zu kichern. Da tauchte hochrot der Mann unter seinem Gestell hervor: »Wat hier jelacht wird, det lache ick.« Es ist kein Zufall, daß selbst alte Berliner Witze diese exzentrische Geste schon kennen. Den Frühlingswunsch des Schneidermeisters: »Mutter, lang mir mal 'nen Blumentopp aus'n Fenster; ick will mir mal en bisken in't Jrine setzen«, könnte man, wenig verschoben, heute Grock nachfühlen.

Derselbe schwer entzifferbare, aber höchst bedeutende Zusammenhang, der den großen Exzentrik zum Zeitgenossen der neuen Sachlichkeit machte, hat von jeher latent in der Sprache des Berliners gewirkt. Es ist darum kein Zufall, daß der zum ersten Male seit siebzig Jahren nun wieder seine Stadt und seine Sprache eingeständlich zu lieben begonnen hat. Früher, als er denkt, werden auch Werke da sein, die zeigen, wie sich die Potenzen dieser Sprache an wichtigen Gehalten unserer Gegenwart bewähren. Alfred Döblins »Berliner Alexanderplatz« könnte nach allem, was bisher davon bekannt ist, vielleicht so ein Werk werden. Gerade dann freilich wird der echte Berliner erklären: »Mein Name ist Hase.« Aber im stillen wird er denn doch die »Mache« bewundern und nicht leugnen, daß es »jekonnt« ist.

Vom Dezember 1926 bis Anfang Februar 1927 hielt sich Walter Benjamin in Moskau auf – und führte in dieser Zeit ein ausführliches Tagebuch. Im Anschluss an seine Rückkehr nach Berlin verfasste er auf Grundlage seines Tagebuchs einen Text über diese Zeit mit dem Titel »Moskau«, in dessen Auftaktabschnitt er einen Vergleich zu seiner Heimatstadt zieht.

*

Moskau

I.

Schneller als Moskau selber lernt man Berlin von Moskau aus sehen. Für einen, der aus Rußland heimkehrt, ist die Stadt wie frisch gewaschen. Es liegt kein Schmutz, aber es liegt auch kein Schnee. Die Straßen kommen ihm in Wirklichkeit so trostlos sauber und gekehrt vor, wie auf Zeichnungen von Grosz. Und auch die Lebenswahrheit seiner Typen ist ihm evidenter. Es ist mit dem Bilde der Stadt und der Menschen nicht anders als mit dem der geistigen Zustände: die neue Optik, die man auf sie gewinnt, ist der unzweifelhafteste Ertrag eines russischen Aufenthaltes. Mag man auch Rußland noch so wenig kennen – was man lernt, ist, Europa mit dem bewußten Wissen von dem, was sich in Rußland abspielt zu beobachten und zu beurteilen. Das fällt dem einsichtsvollen Europäer als erstes in Rußland zu. Darum ist andrerseits der Aufenthalt für Fremde ein so sehr genauer Prüfstein. Jeden nötigt er, seinen Standpunkt zu wählen. Im Grunde freilich ist die einzige Gewähr der rechten Einsicht, Stellung gewählt zu haben, ehe man kommt. Sehen kann gerade in Rußland nur der Entschiedene. An einem Wendepunkt historischen Geschehens, wie ihn das Faktum »Sowjet-Rußland« wenn nicht setzt, so anzeigt, steht gar nicht zur Debatte, welche Wirklichkeit die bessere, noch welcher Wille auf dem besseren Wege sei. Es geht nur darum: Welche Wirklichkeit wird innerlich der Wahrheit konvergent? Welche Wahrheit bereitet mit dem Wirklichen zu konvergieren innerlich sich vor? Nur wer hier deutlich Antwort gibt ist »objektiv«. Nicht seinen Zeitgenossen gegenüber (darauf kommt es nicht an) sondern dem Zeitgeschehen gegenüber (das ist entscheidend). Nur wer, in der Entscheidung, mit der Welt seinen dialektischen Frieden gemacht hat, der kann das Konkrete erfassen. Doch wer »an Hand der Fakten« sich entscheiden will, dem werden diese Fakten ihre Hand nicht bieten. – Heimkehrend findet man vor allem eins: Berlin ist eine menschenleere Stadt. Menschen und Gruppen, die in seinen Straßen sich bewegen, haben die Einsamkeit um sich. Unaussprechlich scheint der Berliner Luxus. Und er beginnt schon auf dem Asphalt. Denn die Breite der Bürgersteige ist fürstlich. Sie machen aus dem ärmsten Schlucker einen Grandseigneur, welcher auf der Estrade seines Schlosses wandelt. Fürstlich vereinsamt, fürstlich verödet sind die Berliner Straßen. Nicht nur im Westen. In Moskau gibt es drei, vier Stellen, an denen ohne jene Strategie des Drängens und Sichwindens vorwärts zu gelangen ist, die man sich in der ersten Woche (gleichzeitig also mit der Technik, sich auf Glatteis zu bewegen) aneignet. Tritt man auf den Staleschnykow, so atmet man auf: hier endlich darf man unbedenklich vor Auslagen haltmachen und seiner Wege gehen, ohne an dem schlenderhaften Serpentinengange teilzunehmen, an den der schmale Bürgersteig die meisten gewöhnt hat. Aber welch eine Fülle hat diese, nicht nur von Menschen überschwemmte Zeile und wie ausgestorben und leer ist Berlin!

Friedrichstraße, um 1900.

In Moskau drängt die Ware überall aus den Häusern, sie hängt an Zäunen, lehnt an Gattern, liegt auf dem Pflaster. Alle fünfzig Schritt stehen Weiber mit Zigaretten, Weiber mit Obst, Weiber mit Zuckerwerk. Sie haben ihren Waschkorb mit der Ware neben sich, manchmal auch einen kleinen Schlitten. Ein buntes Tuch aus Wolle schützt Äpfel oder Apfelsinen vor der Kälte, zwei Musterexemplare liegen obenauf. Daneben Zuckerfiguren, Nüsse, Bonbons. Man denkt, eine Großmutter hat vor dem Weggehen im Hause Umschau gehalten nach allem, womit sie ihre Enkel überraschen könnte. Nun bleibt sie unterwegs, um sich ein bißchen auszuruhen, an der Straße stehen. Berliner Straßen kennen solche Posten mit Schlitten, Säcken, Wägelchen und Körben nicht. Verglichen mit den Moskauer sind sie wie eine frisch gefegte leere Rennbahn, auf der ein Feld von Sechstagefahrern trostlos voranhastet.

Der Schriftsteller, Übersetzer und Lektor Franz Hessel war ein enger Freund Walter Benjamins. 1926/27 übersetzten sie in Paris gemeinsam zwei Bände des Romans »Auf der Suche nach der verlorenen Zeit« von Marcel Proust. Benjamin nannte Hessel in seinem unvollendet gebliebenen Buch »Berliner Chronik« (1932 entstanden) einen der Führer, die ihn »in die Stadt [Berlin] eingeführt haben«. Hessels Buch »Spazieren in Berlin« besprach Walter Benjamin in der Zeitschrift »Die literarische Welt« vom 4. Oktober 1929.

Die Wiederkehr des Flaneurs

Wenn man alle Städteschilderungen, die es gibt, nach dem Geburtsorte der Verfasser in zwei Gruppen teilen wollte, dann würde sich bestimmt herausstellen, daß die von Einheimischen verfaßten sehr in der Minderzahl sind. Der oberflächliche Anlaß, das Exotische, Pittoreske wirkt nur auf Fremde. Als Einheimischer zum Bild einer Stadt zu kommen, erfordert andere, tiefere Motive. Motive dessen, der ins Vergangene statt ins Ferne reist. Immer wird das Stadtbuch des Einheimischen Verwandtschaft mit Memoiren haben, der Schreiber hat nicht umsonst seine Kindheit am Ort verlebt. So in Berlin Franz Hessel die seine. Und wenn er sich nun aufmacht und durch die Stadt geht, so kennt er nicht den aufgeregten Impressionismus, mit dem so oft der Beschreibende seinen Gegenstand antritt. Denn Hessel beschreibt nicht, er erzählt. Mehr, er erzählt wieder, was er gehört hat. »Spazieren in Berlin« ist ein Echo von dem, was die Stadt dem Kinde von früh auf erzählte. Ein ganz und gar episches Buch, ein Memorieren im Schlendern, ein Buch, für das Erinnerung nicht die Quelle, sondern die Muse war. Sie geht die Straßen voran, und eine jede ist ihr abschüssig. Sie führt hinab, wenn nicht zu den Müttern, so doch in eine Vergangenheit, die um so bannender sein kann, als sie nicht nur des Autors eigne, private ist. Im Asphalt, über den er hingeht, wecken seine Schritte eine erstaunliche Resonanz. Das Gaslicht, das auf das Pflaster herunterscheint, wirft ein zweideutiges Licht über diesen doppelten Boden. Die Stadt als mnemotechnischer Behelf des einsam Spazierenden, sie ruft mehr herauf als dessen Kindheit und Jugend, mehr als ihre eigene Geschichte.

Was sie eröffnet, ist das unabsehbare Schauspiel der Flanerie, das wir endgültig abgesetzt glaubten. Und nun sollte es hier, in Berlin, wo es niemals in hoher Blüte stand, sich erneuern? Dazu muß man wissen, daß die Berliner andre geworden sind. Langsam beginnt ihr problematischer Gründerstolz auf die Hauptstadt der Neigung zu Berlin als Heimat Platz zu machen. Und zugleich hat in Europa der Wirklichkeitssinn, der Sinn für Chronik, Dokument, Detail sich geschärft. In diese Situation tritt nun einer, der gerade jung genug ist, um diesen Wandel mitzuerfahren, und gerade alt genug, um den letzten Klassikern der Flanerie, einem Apollinaire, einem Léautaud persönlich nahegestanden zu haben. Den Typus des Flaneurs schuf ja Paris. Daß nicht Rom es war, ist das Wunderbare. Aber zieht nicht in Rom selbst das Träumen schon allzu gebahnte Straßen? Und ist die Stadt nicht zu voll von Tempeln, umfriedeten Plätzen, nationalen Heiligtümern, um ungeteilt mit jedem Pflasterstein, jedem Ladenschild, jeder Stufe und jeder Torfahrt in den Traum des Passanten eingehen zu können? Die großen Reminiszenzen, die historischen Schauer – sie sind dem wahren Flaneur ja ein

Passage, um 1900.

Bettel, den er gerne dem Reisenden überläßt. Und all sein Wissen von Künstlerklausen, Geburtsstätten oder fürstlichen Domizilen gibt er für die Witterung einer einzigen Schwelle oder das Tastgefühl einer einzigen Fliese dahin, wie der erstbeste Haushund sie mit davonträgt. Auch mag manches am Charakter der Römer liegen. Denn Paris haben nicht die Fremden, sondern sie selbst, die Pariser, zum gelobten Land des Flaneurs, zu der »Landschaft aus lauter Leben gebaut«, wie Hofmannsthal sie einmal nannte, gemacht. Landschaft – das wird sie in der Tat dem Flanierenden. Oder genauer: ihm tritt die Stadt in ihre dialektischen Pole auseinander. Sie eröffnet sich ihm als Landschaft, sie umschließt ihn als Stube.

»Gebt der Stadt ein bißchen ab von eurer Liebe zur Landschaft«, sagt Franz Hessel zu den Berlinern. Wollten sie nur die Landschaft in ihrer Stadt sehen. Hätten sie auch nicht den Tiergarten, diesen heiligen Hain der Flanerie mit seinen Blicken auf die sakralen Fassaden der Tiergartenvillen, die Zelte, in denen man während des Jazz das Laub schwermütiger als sonst zu Boden sinken sehen kann, den Neuen See, von dem hier die Buchten und Bauminseln in Gedanken gezeichnet sind, »wo wir im Winter kunstvoll holländernd große Achter ins Eis schrieben und im Herbst von der Holzbrücke am Bootshaus in den Kahn stiegen mit der Herzensdame, die unser Ruder steuerte« – wäre dies alles nicht, die Stadt wäre noch immer voll Landschaft. Spürten sie nur den Himmel über Hochbahnbögen so blau wie über Engadiner Ketten sich spannen, aus dem Getöse die Stille wie aus einer Brandung sich heben und kleine Straßen im Stadtinnern die Tageszeiten so deutlich wie eine Bergmulde widerspiegeln. Freilich das wahre, die Stadt randvoll erfüllende Dasein des Städters in ihr, ohne das es dieses Wissen nicht gibt, ist nichts Billiges. »Wir Berliner«, sagt Hessel, »müssen unsere Stadt noch viel mehr – bewohnen.« Bestimmt will er das wörtlich verstanden wissen, weniger von den Häusern als von den Straßen. Denn sie sind ja die Wohnung des ewig unruhigen, ewig bewegten Wesens, das zwischen Hausmauern soviel erlebt, erfährt, erkennt und ersinnt, wie das Individuum im Schutze seiner vier Wände. Der Masse – und mit ihr lebt der Flaneur sind die glänzenden, emaillierten Firmenschilder so gut und besser ein Wandschmuck wie im Salon dem Bürger ein Ölgemälde, Brandmauern ihr Schreibpult, Zeitungskioske ihre Bibliotheken, Briefkästen ihre Bronzen, Bänke ihr Boudoir und die Caféterrasse der Erker, von wo sie auf ihr Hauswesen herabsieht. Wo am Gitter Asphaltarbeiter den Rock hängen haben, ist ihr Vestibül und die Torfahrt, die aus der Flucht der Höfe ins Freie leitet, der Zugang in die Kammern der Stadt. Schon in der meisterhaften »Vorschule des Journalismus« war die Erforschung dessen, was Wohnen ist, als unterirdisches Motiv erkennbar. Wie jede stichhaltige und erprobte Erfahrung ihr Gegenteil mit umfaßt, so hier die vollendete Kunst des Flaneurs das Wissen vom Wohnen. Urbild des Wohnens aber ist die matrix oder das Gehäuse. Das also, von dem man genau die Figur dessen abliest, der es bewohnt. Will man sich nun erinnern, daß nicht nur Menschen und Tiere, sondern auch Geister, und vor allem die Bilder wohnen, so liegt greifbar vor Augen, was den Flaneur beschäftigt und was er sucht. Nämlich die Bilder wo immer sie hausen. Der Flaneur ist der Priester des genius loci. Dieser unscheinbare Passant mit der Priesterwürde und dem Spürsinn eines Detektivs – es ist um seine leise Allwissenheit etwas wie um Chestertons Pater Brown, diesen Meister der Kriminalistik. Man muß dem Autor in den »Alten Westen« folgen, um ihn von dieser Seite kennen zu lernen: wie er die Laren unter der Schwelle aufspürt, wie er die letzten Denkmale einer alten Wohnkultur feiert. Die letzten: denn in der Signatur dieser Zeitenwende steht, daß dem Wohnen im alten Sinne, dem die Geborgenheit an erster Stelle stand, die Stunde geschlagen hat. Giedion, Mendelssohn, Corbusier machen den Aufenthaltsort von Menschen vor allem zum Durchgangsraum aller erdenklichen Kräfte und Wellen von Licht und Luft. Was kommt, steht im Zeichen der Transparenz: nicht nur der Räume, sondern, wenn wir den Russen glauben, die jetzt die Abschaffung des Sonntags zugunsten von beweglichen Feierschichten vorhaben, sogar der Wochen. Man meine aber nicht, ein pietätvoll, am Musealen haftender Blick sei genug, um die ganze Antike des »Alten Westens«, in den Hessel seine Leser führt, zu entdecken. Nur ein Mann, in dem das Neue sich, wenn auch still, so sehr deutlich ankündigt, kann einen so originalen, so frühen Blick auf dies eben erst Alte tun.

Unter der plebs deorum der Kariatyden und Atlanten, der Pomonen und Putten, mit deren Entdeckung er den Leser hier aufnimmt, sind ihm die liebsten doch jene einst herrschenden, nun zu Penaten, unscheinbaren Schwellengöttern gewordenen Figuren, die angestaubt auf Treppenabsätzen, namenlos in Flurnischen einquartiert, die Hüterinnen der rites de passage sind, die ehemals jeden Schritt über eine hölzerne oder metaphorische Schwelle begleiteten. Von ihnen kommt er nicht los und ihr Walten weht ihn noch an, wo ihre Abbilder längst nicht mehr oder unkenntlich stehen, Berlin hat wenig Tore, aber dieser große Schwellenkundige kennt die geringeren Übergänge, die Stadt von Flachland, Stadtteil von Stadtteil abheben: Baustellen, Brücken, Stadtbahnbögen und Squares, und sie alle sind hier geehrt und beachtet, ganz zu schweigen von den schwelligen Stunden, den heiligen zwölf Minuten oder Sekunden des kleinen Lebens, die den makrokosmischen twelf-nights entsprechen und auf den ersten Blick so unheilig aussehen können. »Die Tanztees der Friedrichstadt«, weiß der Autor, »haben auch ihre lehrreichste Stunde, bevor der Betrieb losgeht, wenn im Dämmer nah bei den noch eingehüllten Instrumenten die Ballettdame einen Imbiß einnimmt und sich dabei mit der Garderobefrau oder dem Kellner unterhält.«

Baudelaire hat das grausame Wort von der Stadt, die schneller als ein Menschenherz sich wandle, gesprochen. Hessels Buch ist voll tröstlicher Abschiedsformeln für ihre Bewohner. Ein wahrer Briefsteller des Scheidens ist es, und wer bekäme nicht Lust, Abschied zu nehmen, könnte er mit seinen Worten Berlin so ins

Herz dringen wie Hessel seinen Musen aus der Magdeburger Straße. »Sie sind inzwischen verschwunden. Bruchsteinern standen sie da und hielten artig, soweit sie noch Hände hatten, ihre Kugel oder ihren Stift. Sie verfolgten mit ihren weißen Steinaugen unsern Weg, und es ist ein Teil von uns geworden, daß diese Heidenmädchen uns angesehen haben.« »Nur was uns anschaut sehen wir. Wir können nur –, wofür wir nichts können.« Man hat die Philosophie des Flaneurs niemals tiefer erfaßt als es Hessel mit diesen Worten getan hat. Er geht einmal durch Paris und da sind die Conciergefrauen, die nachmittags in kühlen Hausgängen sitzen und nähen, von denen fühlt er sich angesehen wie von seiner Amme. Und nichts ist für das Verhältnis der beiden Städte – Paris, seiner späten und reifen Heimat, und Berlins, seiner frühen und strengen – bezeichnender, als daß den Berlinern dieser große Spaziergänger baldigst auffallend und suspect wird. »Der Verdächtige« heißt darum der erste Abschnitt in diesem Buche. In ihm ermessen wir die atmosphärischen Widerstände, die sich in dieser Stadt der Flanerie in den Weg stellen und wie bitter der nachschauende Blick aus Dingen und Menschen in ihr auf den Träumer zu fallen droht. Hier und nicht in Paris versteht man, wie der Flaneur vom philosophischen Spaziergänger sich entfernen und die Züge des unstet in der sozialen Wildnis schweifenden Werwolfs bekommen konnte, den Poe in seinem »Mann der Menge« für immer fixiert hat.

So viel vom »Verdächtigen«. Der zweite Abschnitt aber ist überschrieben »Ich lerne«. Das ist nun wieder ein Lieblingswort des Verfassers. Schriftsteller nennen es meist »studieren«, wie sie sich einer Stadt nähern. Zwischen diesen Worten liegt eine Welt. Studieren kann jeder, lernen nur, wer aufs Dauernde aus ist. Eine souveräne Neigung zum Dauernden, ein aristokratischer Widerwille gegen Nuancen hat bei Hessel das Wort. Erlebnis will das

Einmalige und die Sensation, Erfahrung das Immergleiche. »Paris«, so hieß es vor Jahren, »das ist der schmale Gitterbalkon vor tausend Fenstern, die rote Blechzigarre vor tausend Tabakverschleißen, die Zinkplatte der kleinen Bar, die Katze der Concierge.« So memoriert der Flaneur wie ein Kind, so besteht er hart wie das Alter auf seiner Weisheit. Nun ist auch für Berlin ein solches Register, solch ägyptisches Traumbuch des Wachenden zusammengetragen. Und wenn erst der Berliner in seiner Stadt nach andren Verheißungen forscht als denen der Lichtreklamen, dann wird es ihm sehr ans Herz wachsen.

Nachwort

»Walter Benjamin ist kein Berliner gewesen«, schreibt Werner Fuld, »obwohl er dort am 15. Juli 1892 geboren wurde und, mit zeitlichen Unterbrechungen, dort aufwuchs und auch bis zum Exil zeitweilig noch in Berlin lebte.«[1]

Was Fuld so provozierend an den Anfang seiner Biografie über Benjamin stellt, ist wahr – und zugleich auch nicht. Tatsächlich könnte man sagen, Berlin ist für Walter Benjamin nie zur Heimat geworden. Doch das ist nur die halbe Wahrheit, denn eigentlich war er nirgendwo zu Hause. Willem van Reijen und Herman van Doorn, die Benjamins Werk darauf untersucht haben, wo es entstand, fassen dies so zusammen: »Den größten Teil seines Lebens verbrachte Walter Benjamin in Hotelzimmern und kleinen Wohnungen, die er selten länger als ein halbes Jahr gemietet hat. (...) Benjamin führte ein unstetes Leben, teilweise aus Neigung – teilweise erzwungen durch die Wirtschaftskrisen der zwanziger und dreißiger Jahre und nicht zuletzt durch das Naziregime.«[2]

Erzwungen oder nicht: Dieses unstete Leben entsprach seinem Wesen und fand auch in seinem Werk Ausdruck, wie Doorn und Reijen feststellen: »Benjamin vertrat eine Theorie, die versucht, die Wirklichkeit als eine Konstellation von Gegensätzen, die permanent ineinander umschlagen, zu denken. (...) In der Unrast fand Benjamin seine Identität.«[3]

Wenn Walter Benjamin kein Berliner war, dann in dem Sinne, dass er keine Heimat kannte. Nicht nur zog er ständig um, er reiste auch gern und viel. Dabei war es oft weniger das Reiseziel, das ihn aufbrechen ließ, als der Wunsch, den Ort, an dem er sich befand, zu verlassen. So schrieb der 20-jährige Abiturient nach der Rückkehr von einer Italienreise an seine Mutter: »Wie wir nahe bei Freiburg sind überkommt mich schon ein bißchen Ekel und Sehnsucht nach Italien.«[4]

Doch Berlin hat Benjamin unübersehbar geprägt und war – in seinem Leben wie in seinem Werk – ein Bezugspunkt, an den er immer wieder zurückkehrte. Nicht umsonst drehen sich etliche seiner Radiotexte, die er zwischen 1929 und 1933 für den Südwestdeutschen Rundfunk Frankfurt und die Funkstunde Berlin schrieb und oft auch selbst produzierte, um Berlin und seine Bewohner. Nicht umsonst beginnt die Reportage über Moskau, die er 1927 nach seiner Rückkehr aus dem Sowjetreich veröffentlichte, mit dem Satz: »Schneller als Moskau selber lernt man Berlin von Moskau aus sehen.«[5]

Und nicht umsonst kreist einer der persönlichsten Texte, die Benjamin je schrieb, »Die Berliner Kindheit um neunzehnhundert«, um die aufstrebende Metropole. Immer wieder treten in den kurzen, poetisch überformten Texten des Bändchens Orte, Menschen und Eigenheiten Berlins – mal mehr, mal weniger erkennbar – hervor. Was Benjamin, in diesen Texten, »die die Geschichte meines Verhältnisses zu Berlin betreffen«[6], zeigt, sind Orte des Rastlosen: Es sind »Loggien«, die ihn faszinieren, »des Trostes wegen, der in ihrer Unbewohnbarkeit für den liegt, der selber nicht mehr recht zum Wohnen kommt«[7]. Es ist das »Kaiserpanorama«, dessen »ferne Welt nicht immer fremd und daß die Sehnsucht, die sie in mir weckte, nicht immer eine lockende ins Unbekannte, vielmehr bisweilen jene lindere nach einer

Rückkehr ins Zuhause war«[8]. Es sind Orte wie diese, an denen sich zu erkennen gibt, was Benjamins eigentümliche Unternehmung zu finden sucht: »Berlin – der Stadtgott selber«[9].

Walter Benedix Schönflies Benjamin kam am 15. Juli 1892 zur Welt, als »wohlgebornes Bürgerkind«[10], wie er selbst urteilte. Seine Familie gehörte dem assimilierten Judentum an, sein Vater Emil Benjamin hatte es als Auktionator und Teilhaber im Kunstauktionshaus Lepke zu Wohlstand gebracht. Die Benjamins wohnten im Viertel südwestlich von Zoo und Tiergarten, wo sie im Laufe von Walters Kindheit und Jugend mehrfach umzogen: vom Magdeburger Platz 4, seinem Geburtshaus, über die Kurfürstenstraße 154 und die Carmerstraße 3, wo sie während seiner Gymnasialzeit wohnten, in die Nettelbeckstraße 24 und anschließend in die Delbrückstraße 23, wohin er später als Erwachsener oft zurückkehren sollte. Da die Familien seiner Eltern schon seit Längerem im Berliner Südwesten ansässig waren, wohnten zahlreiche Verwandte Benjamins in unmittelbarer Nähe in jenem Viertel, wo man nicht zuletzt deshalb eher »unter sich« lebte, weil man es sich leisten konnte. In der »Berliner Kindheit« liest sich das so: »In meiner Kindheit war ich ein Gefangener des alten und neuen Westens. Mein Clan bewohnte diese beiden Viertel damals in einer Haltung, die gemischt war aus Verbissenheit und Selbstgefühl und die aus ihnen ein Ghetto machte, das er als sein Lehen betrachtete. In dies Quartier Besitzender blieb ich geschlossen, ohne um ein anderes zu wissen. Die Armen – für die reichen Kinder meines Alters gab es sie nur als Bettler.«[11]

Werner Fuld zufolge hat Berlin bzw. sein dortiges Lebensumfeld Benjamin vor allem zwei Dinge vermittelt: »die Erfahrung des Besitzes, die er dieser spekualtionswütigen Stadt und seinem großbürgerlichen Elternhaus verdankt«, und »die Möglichkeit einer Einsamkeit des Einzelnen in der Masse«.[12] Beides sollte ihn – und sein Werk – prägen.

Abgesehen von einigen selbst verfassten Lebensläufen in Briefform hat Walter Benjamin keine Autobiografie hinterlassen. Auch die »Berliner Kindheit« ist keine. Und doch scheint in ihr durch, wie eng und auf welche Weise er mit Berlin verbunden war. Das unterstreicht schon der Umstand, dass er in diesem Text eine Ausnahme von seiner »Regel« machte, »das Wort ›ich‹ nie zu gebrauchen, außer in Briefen«.[13] Dabei ist dieses »Ich« keineswegs das kindliche Spiegelbild des erinnernden Autors. Von der Vorstellung, eigene Geschichte lasse sich chronologisch erzählen oder wiederholen, hielt Benjamin nicht viel: »Nie wieder können wir Vergessenes ganz zurückgewinnen. Und das ist vielleicht gut. Der Chock des Wiederhabens wäre so zerstörend, daß wir im Augenblick aufhören müßten, unsere Sehnsucht zu verstehen«, heißt es in der »Berliner Kindheit«.[14] Erinnerung ist für ihn vielmehr eine außergewöhnliche Begegnung, bei der das kindliche und das erwachsene Ich dank einer Neu-Erkundung der einstigen Lebens-Räume zusammenkommen.

Walter Benjamins ganz eigene Methode des Erinnerns ist eng verknüpft mit dem Begriff des Flaneurs bzw. Flanierens. Der scheinbar teilnahmslose, weil zielfreie Spaziergang ohne Hast eröffnet für ihn einen Zugang nicht nur zum Wesen der Stadt, sondern vor allem zur Vergangenheit, die mit ihr verbunden ist. Diese Strategie, Erinnerung aus der Zeit in den literarisch abgegangenen Raum zu verlagern, hat Benjamin sein Leben lang fasziniert. »Lange, jahrelang eigentlich, spiele ich schon mit der Vorstellung, den Raum des Lebens – Bios – graphisch in einer Karte zu gliedern«, heißt es in der »Berliner Chronik«.[15] Und so hat er sein Berliner Erinnerungsprojekt als Raum-Erkundung angelegt: »Erinnerungen, selbst wenn sie ins Breite gehen, stellen nicht immer eine Autobiographie dar. Und dieses hier ist ganz gewiß keine, auch nicht für die berliner Jahre, von denen hier ja einzig die Rede ist. Denn die Autobiographie hat es mit der Zeit, dem Ablauf und mit dem zu tun, was den stetigen Fluß des Lebens ausmacht. Hier aber ist von einem Raum, von Augenblicken und vom Unstetigen die Rede.«[16]

Lehrer und Komplize als Flaneur war für Walter Benjamin der Schriftsteller Franz Hessel. Ihn nannte er den »fünften« jener »Führer«, die ihn »in die Stadt [Berlin] eingeführt haben«.[17] In der Rezension zu Hessels »Spazieren in Berlin« hat er das Wesen des Flaneurs skizziert: »Will man sich nun erinnern, daß nicht nur Menschen und Tiere, sondern auch Geister, und vor allem die Bilder wohnen, so liegt greifbar vor Augen, was den Flaneur beschäftigt und was er sucht. Nämlich die Bilder wo immer sie hausen. Der Flaneur ist der Priester des genius loci. Dieser unscheinbare Passant mit der Priesterwürde und dem Spürsinn eines Detektivs (...).«[18]

Die »Geister« und »Bilder« – der Vergangenheit – der Stadt aufzuspüren, ist Benjamin zufolge das besondere Talent des Flaneurs. Dafür muss er vor allem zweierlei können: sein Auge für das Detail schärfen, mit »offenen« Sinnen für alle Eindrücke das scheinbar Abseitige entdecken, an dem sein Blick sich verfängt und das über sich hinausweist. In der »Berliner Kindheit« erprobte Walter Benjamin diese Beobachtungsgabe an zahlreichen Orten, Dingen und Erlebnissen, von der »Siegessäule« über den »Lesekasten« bis zum »Winterabend«: »Es war ein dunkles, unbekanntes Berlin, das sich im Gaslicht vor mir ausbreitete. (...) dies Licht verriet von den erleuchteten Zimmern wenig. Es hatte nur mit sich selbst zu tun. Es zog mich an und machte mich nachdenklich. Das tut es in der Erinnerung heute noch.«[19] Er nannte dies »den Fächer der Erinnerung« aufklappen, denn

»in den Falten erst sitzt das Eigentliche: jenes Bild, jener Geschmack, jenes Tasten (...) und nun geht die Erinnerung vom Kleinen ins Kleinste«.[20]

Zum anderen muss der Spaziergänger das Flanieren, das ziellose Spazierengehen, geradezu kultivieren. Einer Stadt zu begegnen, bedeutet letztlich, sich ihrem Wesen und ihren Eigenheiten anzuvertrauen. Benjamin selbst hat diese Beziehung sogar als »Ohnmacht vor der Stadt« beschrieben: »Wahrscheinlich wird darin nie einer Meister, worin er nicht die Ohnmacht gekannt hat, und wer dem zustimmt, der wird auch wissen, daß diese Ohnmacht nicht am Anfang oder vor aller Bemühung um die Sache liegt, sondern mitten in ihr. So käme ich denn jetzt zur Mitte meines Lebens mit Berlin, die sich über die ganze spätere Kindheit bis an den Anfang meiner Studienzeit erstreckt: die Ohnmacht vor der Stadt.«[21]

Die »Berliner Kindheit« ist das literarische Ergebnis dieser bewusst herbeigeführten Ohnmachts-Erfahrung, wie Benjamin darin in dem Text mit dem Titel »Tiergarten« ausführt: »In einer Stadt sich aber zu verirren, wie man in einem Walde sich verirrt, braucht Schulung. Da müssen Straßennamen zu dem Irrenden so sprechen wie das Knacken trockner Reiser und kleine Straßen im Stadtinnern ihm die Tageszeiten so deutlich wie eine Bergmulde widerspiegeln. Diese Kunst habe ich spät erlernt; sie hat den Traum erfüllt, von dem die ersten Spuren Labyrinthe auf den Löschblättern meiner Hefte waren.«[22]

Walter Benjamin hat dieses Verfahren der literarischen Verräumlichung von Geschichte und Erinnerung in zahlreichen Texten angewandt und es sollte das wichtigste Instrument des unvollendet gebliebenen und posthum als »Passagen-Werk« veröffentlichten Textes werden, in dessen Zentrum Paris stand. Die »Hauptstadt des 19. Jahrhunderts«, so der vorgesehene Titel seines Hauptwerks, war für Benjamin immerhin »in der Reihe der freiwilligen oder unfreiwilligen Geleiter (...) der vierte«[23], der Ort, an dem er das Flanieren »gelernt« hatte. Doch es war seine »Berliner Kindheit«, an der er diese literarische Form perfektionierte – »über die Beschreibung des Stadtraums Berlin, wobei dieser gleichzeitig als Ort des Gedächtnisses als auch als dessen Modell fungiert. Zum einen bildet die Topographie der Stadt das Gerüst für die unterschiedlichen zeitlichen Ereignisse, die ihre Spuren in den Räumen der Stadt hinterlassen haben. Gleichzeitig generiert sich Erinnerung als Lektüre labyrinthischer Stadträume. Benjamins autobiographische Bilder korrespondieren mit seinen Überlegungen zur Topographie der Städte, wie er sie insbesondere im Rahmen des Passagen-Werks für Paris skizziert hat. Was dort die Rolle des Flaneurs, ist in der Berliner Kindheit die Rolle des Kindes, das noch spielerisch beherrscht, was der Erwachsene sich für das Flanieren erst mühsam wieder aneignen muss: die Fähigkeit, sich in der Stadt zu verlieren und die eigentümliche Unverfügbarkeit ihrer Zeichen und Spuren zu deuten, ohne ihrer ganz habhaft zu werden.«[24]

In seiner Rezension von Franz Hessels »Spazieren in Berlin« hat Benjamin dieses Vorgehen selbst beschrieben: »Die Stadt als mnemotechnischer Behelf des einsam Spazierenden, sie ruft mehr herauf als dessen Kindheit und Jugend, mehr als ihre eigene Geschichte.«[25] Ergebnis ist jenes poetisch schillernde Prisma Berlins einer längst vergangenen Epoche in »Momentaufnahmen, in denen die vergangene Zeit und die Zeit des Eingedenkens sich verschränken«[26]. Gerade jenes »mehr« als die »eigene Geschichte« des Autors öffnet Benjamins »Berlin-Prosa« für heutige Leser und lässt sie danach suchen, was genau in ihnen Gestalt angenommen hat. Er selbst nannte die kurzen Texte im Vorwort zur Fassung letzter Hand »Bilder (...), in denen die Erfahrung der Großstadt in einem Kinde der Bürgerklasse sich niederschlägt«[27]. Wollte er etwas »unvergänglich Typisches« schaffen, das »Erlebnis einer Kindheit in Berlin, die so nie mehr gelebt werden würde«, ermöglichen?[28] Wollte er »ein Zeitalter vor dem Vergessen bewahren«[29]? Oder war Benjamins Blick ein kritischer, der Text ein »Protest gegen die eigene soziale Herkunft«, indem er »die gesellschaftliche Verfassung des kindlichen Individuums um großbürgerlich-jüdischen Milieu vor der Jahrhundertwende«[30] charakterisierte? Hat Benjamin »die Keime der Vernichtung, an denen in Krieg und Inflation das 19. Jahrhundert zugrunde gehen sollte, in der Geborgenheit seiner großbürgerlichen Kindheit aufzuspüren versucht«, und sind seine Texte deshalb »rückwärtsgewandte Prophetien, die den Standpunkt des materialistischen Historikers von 1932 schon in den unbewußten Regungen der Kindheit ausmachen«?[31] Oder ging es Benjamin vielmehr darum zu zeigen, wie Erinnern seiner Ansicht nach allein funktioniert? Wollte er »die Stadt als eine ganze Welt, so wie sie sich (...) dem Kind entdeckt« zeigen – und damit »weniger das Was der Entdeckung als der Vorgang des Entdeckens selbst«?[32]

Fakt ist: Benjamin schrieb die Texte der »Berliner Kindheit um 1900« weitgehend fern seiner Geburtsstadt – und in Zeiten großer persönlicher Krisen. Im Oktober 1931 nahm er den Auftrag der »Literarischen Welt« an, eine »Berliner Chronik von je 200 bis 300 Zeilen« im Abstand »je eines Vierteljahres« zu schreiben.[33] Die Texte der daraus entstehenden »Berliner Chronik« schrieb er wohl überwiegend auf Ibiza im Frühsommer 1932, einem Jahr, voller »Siege im Kleinen (...), Niederlagen im Großen«[34]. Kurz nach seinem 40. Geburtstag reiste er im Juli weiter nach Nizza, wo er – wohl auch vor dem Hintergrund der in Deutschland erstarkenden Nationalsozialisten – seinen schon zuvor mehrfach gefassten Entschluss zum Freitod umsetzen wollte. Warum er es schließlich doch nicht tat, ist unklar. Anfang August reiste er weiter in den italienischen Badeort Poveromo, wo er die »Chronik« zu einer ersten Fassung der »Berliner Kindheit« umarbeitete, als »Expeditionen in die Tiefe der Erinnerung«[35], wie er in einem Brief schrieb. Zur vereinbarten Veröffentlichung der »Chronik« in der »Literarischen Welt« kam es nie. Dafür erschienen einzelne Texte aus der »Berliner Kindheit« zwischen 1933 und 1934 in verschiedenen Zeitungen. Aber Benjamins Bemühungen und Hoffnungen, die Textsammlung als Buch zu publizieren, zerschlugen sich sämtlich. Erst nach seinem Tod gab Theodor Adorno 1950 eine erste Fassung heraus. Dennoch arbeitete Benjamin bis 1938, schon seit 1933 im Exil, vor allem in Paris, lebend, weiter an den Texten. Als er Mitte Juni 1940 vor den anrückenden Truppen der deutschen Wehrmacht nach Süden in Richtung Spanien floh, versteckte er seine letzte Fassung der »Berliner Kindheit« mit anderen Manuskripten in der Bibliothèque Nationale in Paris, wo sie erst 1981 gefunden wurden. Ende September versuchte er mit einer Gruppe von Flüchtlingen, illegal über die Pyrenäen nach Spanien zu gelangen, um von dort in die USA zu emigrieren. Doch der Gruppe wurde von den spanischen Grenzbeamten die Einreise verwehrt, sodass sie in dem Grenzort Port-Bou festsaßen. Die genauen Umstände von Benjamins Tod sind ungeklärt. Wahrscheinlich ist, dass er sich aus Furcht, doch noch an die Deutschen ausgeliefert zu werden, in der Nacht von 26. zum 27. September 1940 das Leben nahm.

Anfang 1940, noch in Paris, hatte Walter Benjamin mit den »Thesen über die Geschichte« seinen letzten Text verfasst, der mitunter als sein »intellektuelles Vermächtnis«[36] gilt. Die bekannteste der Thesen umkreist den »Engel der Geschichte«, der »das Antlitz der Geschichte zugewendet« hat. »Wo eine Kette von Begebenheiten vor uns erscheint, da sieht er eine einzige Katastrophe, die unablässig Trümmer auf Trümmer häuft und sie ihm vor die Füße schleudert.«[37] Dieses Verständnis von Geschichte, das keine Chronologie kennt, sondern Vergangenheit und Zukunft in Bildern verbindet, findet sich – als Wesenszug von Benjamins Werk – auch in der »Berliner Kindheit«: »Denn wie es Pflanzen gibt, von denen man erzählt, daß sie die Kraft besitzen, in die Zukunft sehen zu lassen, so gibt es Orte, die die gleiche Gabe haben. Verlassene sind es meist, auch Wipfel, die gegen Mauern stehn, Sackgassen oder Vorgärten, wo kein Mensch sich jemals aufhält. An solchen Orten scheint es, als sei alles, was eigentlich uns bevorsteht, ein Vergangenes.«[38]

Matthias Zimmermann

1 Fuld, Werner: Walter Benjamin. Eine Biografie, München 1979, S. 7.
2 Reijen, Wilhelm van; Doorn Herman van: Aufenthalte und Passagen. Leben und Werk Walter Benjamins. Eine Chronik, Frankfurt am Main 2001, S. 7.
3 Reijen; Doorn: Aufenthalte und Passagen, S. 8.
4 Zitiert nach Reijen; Doorn: Aufenthalte und Passagen, S. 8. Benjamin ist bekannt für seine eigentümliche Zeichensetzung, vor allem bezüglich der Kommasetzung.
5 Benjamin, Walter: Gesammelte Schriften. Unter Mitwirkung von Theodor W. Adorno und Gershom Scholem hg. von Rolf Tiedemann und Hermann Schweppenhäuser, Bände I–VII, Frankfurt am Main 1972–1989 (im Folgenden GS), IV/1, S. 316.
6 Wie er über die »Vorstudie«, die »Berliner Chronik« an seinen Freund Gershom Scholem schrieb. Zitiert nach Witte, Bernd: Walter Benjamin mit Selbstzeugnissen und Bilddokumenten, Reinbek bei Hamburg 1985, S. 98.
7 Benjamin, Walter: Berliner Kindheit um Neunzehnhundert, Frankfurt am Main 1991.
8 Benjamin: Berliner Kindheit um Neunzehnhundert.
9 Benjamin: Berliner Kindheit um Neunzehnhundert.
10 Benjamin: Berliner Chronik, S. 7.
11 Benjamin: Berliner Kindheit um Neunzehnhundert.

12 Fuld: Walter Benjamin, S. 11.
13 GS VI, S. 559.
14 Benjamin: Berliner Kindheit um Neunzehnhundert.
15 Benjamin: Berliner Chronik, S. 11.
16 Benjamin: Berliner Chronik, S. 43.
17 Benjamin: Berliner Chronik, S. 7.
18 GS III, S. 196.
19 Benjamin: Berliner Kindheit um Neunzehnhundert.
20 GS VI, S. 468.
21 Benjamin: Berliner Chronik, S. 8.
22 Benjamin: Berliner Kindheit um Neunzehnhundert.
23 Benjamin: Berliner Chronik, S. 12.
24 Lemke, Anja: Gedächtnisräume des Selbst. Walter Benjamins »Berliner Kindheit um neunzehnhundert«, Würzburg 2008, S. 25.
25 GS III, S. 194.
26 Lemke: Gedächtnisräume, S. 24.
27 Benjamin: Berliner Kindheit um Neunzehnhundert.
28 GS VII, S. 385.
29 Walter Benjamin. Ein Lesebuch. Herausgegeben von Michael Opitz, Frankfurt am Main1996, S. 709.
30 Witte: Walter Benjamin, S. 10.
31 Witte: Walter Benjamin, S. 8f.
32 Bäcker, Iris: Berlin-Bilder von Franz Hessel und Walter Benjamin. »Flanieren« im Raum und in der Zeit, in: Kemper, Dirk; Bäcker, Iris (Hg.): Deutsch-Russische Perspektiven und Desiderate der Zusammenarbeit, Moskau 2010, S. 102–121, S. 109.
33 Zitiert nach Witte: Walter Benjamin, S. 97.
34 Zitiert nach Witte: Walter Benjamin, S. 99.
35 Zitiert nach Witte: Walter Benjamin, S. 99.
36 Witte: Walter Benjamin, S. 133.
37 GS I, S. 697.
38 Benjamin: Berliner Kindheit um Neunzehnhundert.

Weiterführende Literatur

Benjamin, Walter: Gesammelte Schriften. Unter Mitwirkung von Theodor W. Adorno und Gershom Scholem hg. von Rolf Tiedemann und Hermann Schweppenhäuser, Bände I–VII, Frankfurt am Main 1972–1989.

Bolle, Willi: Physiognomik der modernen Metropole. Geschichtsdarstellung bei Walter Benjamin, Köln u. a. 1994.

Fuld, Werner: Walter Benjamin. Eine Biografie, München 1979.

Kramer, Sven: Walter Benjamin zur Einführung, Hamburg 2003.

Lemke, Anja: Gedächtnisräume des Selbst. Walter Benjamins »Berliner Kindheit um neunzehnhundert«, Würzburg 2008.

Reijen, Wilhelm van; Doorn Herman van: Aufenthalte und Passagen. Leben und Werk Walter Benjamins. Eine Chronik, Frankfurt am Main 2001.

Über Walter Benjamin. Mit Beiträgen von Theodor W. Adorno, Ernst Bloch, Max Rychner, Gershom Scholem, Jean Selz, Hans Heinz Holz, Ernst Fischer, Frankfurt am Main 1968.

Walter Benjamin. Ein Lesebuch. Herausgegeben von Michael Opitz, Frankfurt am Main1996.

Walter Benjamin. Text und Kritik, Heft 31/32, 1979.

Witte, Bernd: Walter Benjamin mit Selbstzeugnissen und Bilddokumenten, Reinbek bei Hamburg 1985.

Abbildungsnachweis

Heinrich Zille (zeno.org) S. 11, 51, 59, 62, 69, 73, 81, 85, 91, 105, 113, 117
Verlagsarchiv S. 15, 35, 54, 123, 127
wikimedia.com S. 19, 25, 33, 47